JN171822

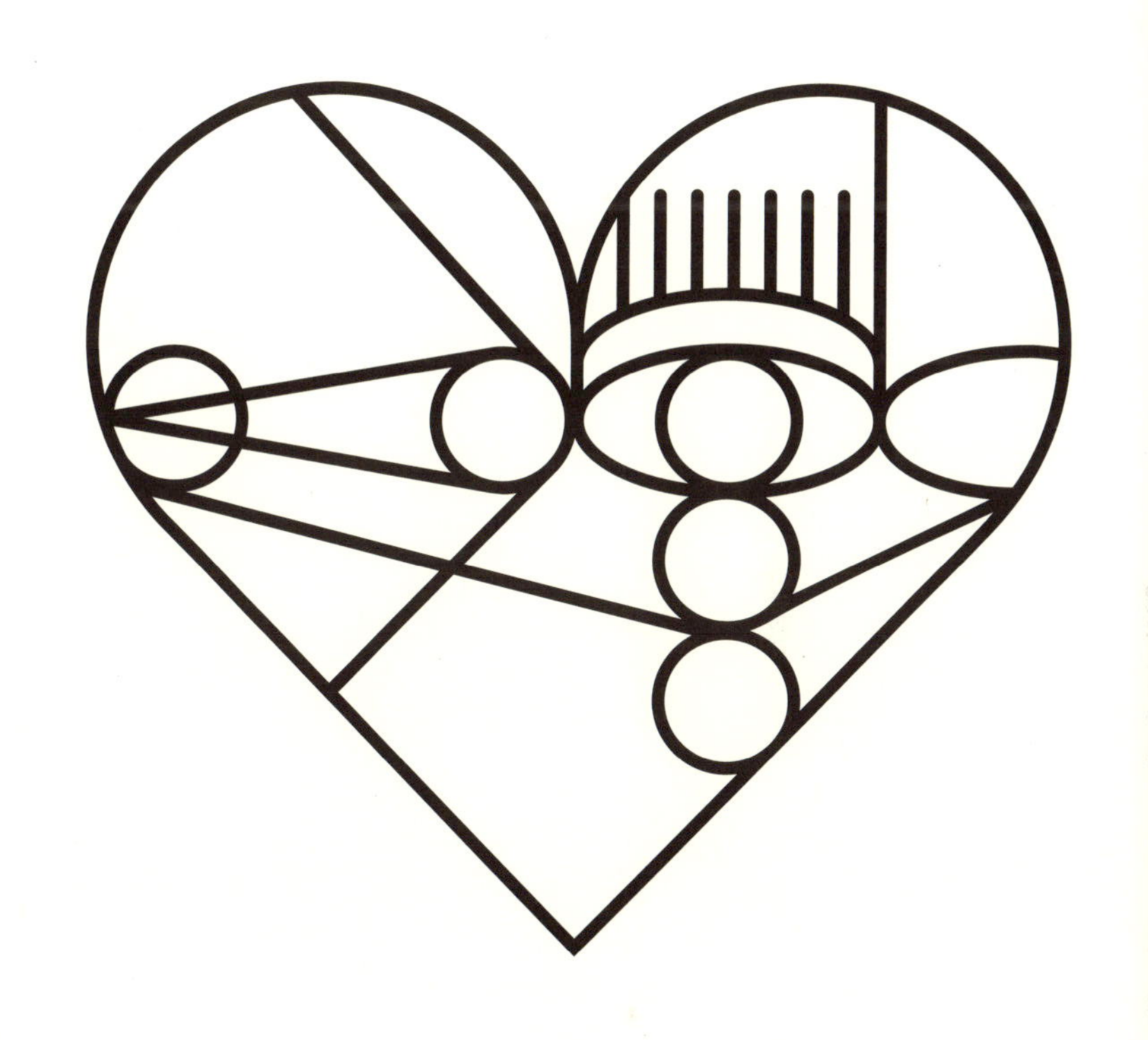

物語と体験

STORY AND EXPERIENCE

河原大助　望月和人

はじめに～Think out of the box.

２０１４年に私たちは東急エージェンシーという広告会社の中に「ＴＯＴＢ」というクリエイティブチームをつくりました。ＴＯＴＢとは英語の慣用表現Think out of the box. の略称で、「箱の外に出て考える」、転じて「既成概念に囚われずに考える」という意味です。

私、河原は元々マーケティング系のセクションからキャリアをスタートし、その後、マーケティングコンサルティングへの出向、コミュニケーションデザインセクションを経てこのＴＯＴＢの設立に至りました。そして、本書の共著者でもある、ＴＯＴＢのクリエイティブディレクター・望月和人は、クリエイティブディレクター、コピーライターでありながら、これまでに営業やメディア・プランニングなど、多岐にわたる経験を重ねてきた、ユニークな経験の持ち主です。共通するのは、広告会社の中で、非常に多くの役割を通して広告やマーケティングの仕事に携わってきている点です。さまざまな経験を持つ私たちが目指したのは、従来の組織や役割を超えて、真に機能し、価値を生み出すことができ、統合的なディレクションを行うことができるチームの確立でした。立ち上げに際して、私たちは次のようなスローガンを掲げました。

これからの時代のあるべきコミュニケーションの形を探る。
本質に立ち返り、根本的な解決を生み出すために。
もっと、作る人も、売る人も、使う人も幸せになれるように。
私たちはそのために「箱」から出て、
クリエイティビティを源泉とした効果的で適正な、
新しいコミュニケーションの形を創りだしていきます。
Think out of the box.
[創意工夫する。既存の考えに囚われずに考える。]
それが私たちの名前です。

私が広告の仕事を始めたのは1999年のことです。広告市場の伸びはすでに停滞し始めていましたが、TVCMを放映すれば実際に世の中の人がそれを知り、店頭の商品が動くことがまだまだ当たり前のように起こっている（少なくともそのように感じられる）時代でした。しかし、それももう随分昔の話のように思えます。広告のそのような特権的な影響力やポジションはすすでに失われつつあります。言うまでもないことですが、メディア環境の変化は、情報伝達媒体の仲介がビジネスの屋台骨である広告産業の根幹を揺るがし続けています。目に見えやすい部分では、広告費の構成比の変化として現れています。2005年には3777億円だった「インターネット広告費」が2017年では1兆5094億円に達しています（電通「2017年 日本の広告費」）。成長のスピードは増す一方ですが、行き着く先はこの程度の変化ではなく、さらに大きな変化となっていくはずです（それはスマホで買い物をすることが日々増えていっている妻の姿や、テレビよりもスマホに慣れ親しんでいる5歳の娘を見ていてもそう思います）。革命は始まったばかりで、まだまだ過渡期にあるのは確かです。

メディア環境の変化は過去にもたくさんありました。広告産業の確立以降で最も大きいものは「新聞→テレビ」の変化でした。しかし、この変化と今の変化は性質が大きく異なります。「新聞→テレビ」の変化は「送り手→受け手」が一方通行な「マス」の構造の中での進化でした。そして、それは日本における高度経済成長の時代に起こった変化でもあり、民放が始まった1953年時点で491億円に過ぎなかった日本の広告費はその50年後の2003年には5兆6841億円にまで成長します。その成長を担ったのは言うまでもなく、新たな「最強のマス」メディア

「テレビ」でした。その「新聞→テレビ」の変化とは異なり、今の変化は過去約100年にわたって広告産業と常にセットであった「マス」コミュニケーションの相対化と衰退を伴った根幹からの変化です。広告はマーケティング活動の一端を担うものです。この産業の成長は20世紀、新聞、テレビといったマスメディアの成長、そして大量生産大量消費のマスマーケティングの成長とともにありました。それだけに、そこから脱却し再構築することは容易ではありません。

2014年に「Think out of the box.」と名乗ってから4年が経ちました。先述したスローガンを胸に、これまでさまざまなトライを繰り返してきました。今回、本書の執筆にあたり、私たちが目指したのは、目先の手法論に溺れずに、私たちの経験の中から見えてきた本質的に大切なことを書き記すことでした。

キーワードは本書のタイトルにもなっている「物語」と「体験」です。詳しくは本文で述べていきますが、この2つこそが今日の、そしてこれからの広告やマーケティングにおいて欠かすことのできない本質的なものである。と、私たちは「箱の外」から考えました。広告やマーケティングの仕事は日に日に複雑で難しいものになっています。本書をお読みになられた方が、この混沌を乗り越え、新たなものを生み出すことに、少しでも役立つことができれば幸いです。

第2章　体験

第1章

物語

STORY

1.「知る」ことと「物語」

思い出せることと思い出せないこと

「知る」とは、いったいどういう状態を指すのでしょうか？　広告の話の前に、いささか哲学的な話になってしまいますが、私は昔からなぜだかこの茫洋とした疑問がずっと気になっていました。そして、広告やマーケティングのことを考えるのであれば、実はこのあたりから考えるべきではないかとも思っています。

私たちは、自分が見たこと、聞いたこと、読んだこと、すべてを「知っている」と言えるのでしょうか？　名前だけを知っている人やモノは「知っている」と言えるのでしょうか（そもそも、「名前だけを知っている」という状態はあり得るのでしょうか）？　そして、広告やマーケティングの仕事をする上で、意味のある「知っている」状態とはどのような状態なのでしょうか？

たとえば、1日で私たちが接する情報はいったいどれくらいあるのでしょうか？　ここでいう「情報」とは、記事とか動画とか、そういったメディアを介して目にするものに限ったものではありません。視界に映るあらゆるモノ、耳に入るあらゆる音、五感を通して得られるすべてを「情報」と考えてみます。

今、家の近所のスターバックスでこの文章を書いているのですが、ふとまわりに目をやれば50人くらいの人がいます。私が座っているのは電源が取れる大テーブルで、私の他にパソコンで作業をしている男性が2人、プリントにマーカーを引いて学校の勉強をしている学生が3人います。外のテラス席には、赤ちゃんを抱っこ紐で抱えた父親と母親がテーブルを囲んでいます。レジには8人ほどの行列があり、後ろから2番目の男性はクッキーやケーキのショーケースをじっと見ています。書いていけばきりがありません。もちろん、こういった周辺の環境に存在していることだけでなく、手元に常にあるスマートフォンも頻繁に見ています。パ・リーグの優勝チーム決定のニュース、知人のランチの写真、子どもの写真、ゲームなど、次々とさまざまなコンテンツに接します。

今、この瞬間、周囲を見まわしただけでこの情報量です。この調子で数え上げていけば、今日私が接する情報量はたった1日でも膨大なものになります。では、そのとんでもない量の情報に接した1日の終わりに私は何を思うのでしょうか？　何を覚えているのでしょうか？　これほどの大量の情報に触れながら、ともすれば、「なんにもない1日だったなあ」と特に思い出すことなく過ぎてしまう日も多いはずです。なぜなのでしょうか？

今日、接触したばかりなのに思い返すこともできない、思い返すこともない情報の数々。それらを私は「知っている」と言えるかというと、あまりそうは言えない気がします。ついさっき接触したことなのにもかかわらずです。しかし、その一方で、何年も前のことなのに鮮明に思い出せることもあります。初めてプロ野球を見にスタジアムへ行った日のこと、遊びに行って登り棒を登る時に脱いだ靴下をなくしてしまったこと、自転車の車輪が外れて大転倒したことなど。数十年前のことであっても鮮やかに思い出せて、語れるようなこともあります。

今日のことでも思い出せないことと、数十年前のことだけど思い出せること。この違いはどこから生まれるのでしょうか？

「場面を思い出すんだ」

スティーヴン・スピルバーグ監督の『プライベート・ライアン』という映画作品があります。この映画のあらすじは第二次世界大戦のノルマンディ上陸作戦後の戦場を舞台に、３人の兄が戦死して最後に残った末っ子のジェームズ・ライアン２等兵をミラー大尉の部隊が戦場から救出し、アメリカの母のもとに無事帰還させるというものです。その中で、トム・ハンクス演じるミラー大尉がマット・デイモン演じるライアン2等兵に、戦争で亡くなった3人の兄について尋ねるシーンがあります。ところが、ライアンはなかなか兄たちのことを話すことができません。

ライアン「兄貴たちの顔がいくら努力しても思い出せないんです」
ミラー「場面を思い出すんだ」
ライアン「場面を?」
ミラー「顔でなく一緒に何かをした時のことを考える。おれが家を想う時に考えるのは、裏庭のハンモック、バラの花壇の手入れをしてる妻の姿……」
ライアン「真夜中に2人の兄貴に起こされたことが……。〝驚かすことがある〟と……」
（『プライベート・ライアン』）

ミラーから「場面を思い出せ」と教えられたライアンは、堰を切ったようにその夜の出来事を語り出します。出来事の内容は、ヤンチャな男兄弟にありがちな他愛もないシモネタ的なものですが（ご興味ある方はぜひご覧になってください）、そのくだらない話をするうちに、徐々に兄たちの記憶が蘇ります（と同時に忘れていた悲しみも蘇ります）。戦場に来るまでは一緒に暮らしていた、血を分けた兄弟の顔すら思い出せない状態であったライアンでしたが、その「場面」は覚えていました。

「場面」にはさまざまな情報が含まれています。その情報の間には、関係性や時間軸や展開があります。4人の兄弟の人間関係、寝ていたライアンが兄たちに起こされたところから始まる、（やや酷い）オチまでついたその夜の出来事の展開。ライアンは「兄の顔」という純粋にビジュアルな情報を単体で思い出すことはできなかったのですが、「ある夜の出来事」という「場面」を振り返ることによって、芋づる式に兄たちの顔も思い出すことができたのでした。

単純に考えると、「顔」のほうが簡単に思い出せそうです。この夜の出来事全体には結構な情報量があります。登場人物も複数いますし、時間経過もあります。それに対して「顔」は、単に「顔」のビジュアル情報だけです。でも思い出せない。このケースでは、情報量の多寡と思い出せるかどうかは単純には比例していません。

生物学者の福岡伸一氏は脳の「記憶」の仕組みについて、以下のように言っています。

「仮に『五年前にはこんなことがあり、一〇年前にはあんなことがあったなあ』と思い出すことはできても、それは日記なり写真なり記念品があるから、それを手がかりに過去の順番をかろうじて跡づけられるのであって、感覚としては、一〇年前のことが五年前のことよりも、より遠い昔のことだという実感を持つことはできない。

逆に五年前のことが一〇年前よりも新鮮な記憶としてあるという実感も実はない。人は年齢を重ねるごとに時間経過の順に物事を記憶しているのではなく、実は過去をおぼろげながらにしか想起できはしないのだ。

ここに記憶というものの正体がある。人間の記憶とは、脳のどこかにビデオテープのようなものが古い順に並んでいるのではなく、『想起した瞬間に作り出されている何ものか』なのである。（中略）私たちが鮮烈に覚えている若い頃の記憶とは、何度も想起したことがある記憶のことである。あなたが何度もそれを思い出し、その都度いとおしみ、同時に改変してきた何かのことなのである。」（福岡伸一『新版　動的平衡　生命はなぜそこに宿るのか』P37）

記憶とは「想起した瞬間に作り出されている何ものか」であるというこの考え方に、私はとても驚くと同時にとても納得もしました。これは、それまで私がなんとなく想像していた「記憶」とは真逆のようにも思えました。記憶とはパソコンのストレージのように、次から次へと情報を溜めている場所にあるものであり、それらを必要に応じて、「そのまま取り出している」というイメージを持っていました。なので、古いものから消えていき、新しいものが残る。しかし、福岡博士によれば、そういうことではないようです。たしかに実体験として、妙に古いことは覚えていても、新しいことを覚えていないこともよくあります（歳を取ればなおさらそうなります）。

『プライベート・ライアン』のシーンを振り返ってみると、ライアンはミラー大尉との対話において、「場面」を思い出すことで「想起した瞬間に何かを作り出し」ました。そして、兄たちに起こされることから始まったその夜の「場面」のエピソードは、おそらく初めて話したものではなかったはずです。話の内容からすると、その夜の出来事は実際には数時間に亘る出来事だったはずですが、その出来事をライアンは約3分で無駄なく、兄のモノマネも交えて、しっかりオチまでつけて語り切ります。

誰でもそういうエピソードをいくつか持っていると思います。そういうエピソードは何度語っても飽きることはなく（何度も聞かされる人はたまったものではありませんが）、語る度に磨かれ、話の筋やオチがクリアになっていき、語り口も巧みになっていきます。ライアンのあの語り口から察するに、彼はこのエピソードを鉄板トークとして（福岡氏が言うように）「何度もそれを思い出し、その都度いとおしみ、同時に改変してきた」はずです。だから思い出すことができたのです。そして、それを断片的な〝情報〟という形で思い出すのではなく、場面と展開を伴った「物語」として思い出すことができたのです。同時に兄たちの「顔」を思い出し、兄たちへの感情をも蘇らせたのでした。

では、そのように「想起した瞬間に作り出される物語」は、どのようにしてできるのでしょうか？ ライアンの淀みない3分の「物語」はさまざまな要素によって成り立っていますが、そのいずれの要素も意味あるものとして「物語」に連なっています。よく整理された、淀みなく話せるような話は得てしてそういうものです。しかし、実際には、その出来事が起こった場面においては、「物語」で語られなかった要素もたくさんあったはずです。どんな部屋でライアンが寝ていたのか、兄たちに起こされてどんな気持ちだったのか、その時の兄たちはどんな服装でどんな表情だったのか、起きてどこを通って納屋まで行ったのかなど、数時間の出来事の中には数え切れない要素があったはずです。

それを約3分で語るわけですから、当然、要素の取捨選択が行われています。ライアンはこの話をするために、その夜目にしたこと耳にしたことを逐一リストアップして、そこから「これは意味がある」「これは意味がない」「これとこれはつながる」などと、重要と思われるものを取捨選択して、それらを並べて積み上げることによってこの話をつくったのでしょうか？　そうではないはずです。このような「物語」の生成過程について、思想家の内田樹氏は以下のように言っています。

「『意味のある』断片を組み合わせて、『意味の通る』文脈を作り上げるのではありません。逆です。文脈が決まらない限り、断片は『無意味』なままなのです。まず『物語』の大枠が決まって、その後に現実的細部は意味を帯びるようになるのです。『知る』ということは、それまで意味の分からなかった断片の『意味が分かる』ということです。そして『意味が分かる』ということは要するに『ある物語の文脈の中に収まった』ということです。『知る』とは『物語る』ことです。物語抜きの知は存在しません。」（内田樹『映画の構造分析』P24）

「物語」というと、映画や小説やマンガのようなコンテンツのことを思い浮かべます。もちろんそれらも「物語」なのですが、もっと広い意味では、人が「知る」ことそのものが「物語」であり、さらに言えば「物語」を通してしか人は「知る」ことができないとも言えます。「物語」は断片的な情報の積み重ねによって築き上げられるものではなく、「物語」によって断片的な情報に意味が与えられていくのです。ライアンのケースでは、血を分けた兄弟のことを思い出すためですら「物語」が必要でした。これらのことを念頭に、この本の本題である広告やマーケティングのことを考えてみると、我々が扱うブランドや商品のことを顧客に記憶してもらったり、物語ってもらうことの難しさがわかります。

我々が広告やマーケティングで扱う商品やブランドは、顧客にとって決してライアンの兄のような〝肉親〟ではありません。顧客にとっては、基本的には縁もゆかりもない、場合によってはその名前や存在すら知られていない商品やブランドです。にもかかわらず、我々はそれを「知って」もらい、「記憶」してもらいたい。さらに、「買って」もらいたいし、特別な感情も抱いてもらいたい。しかし、その商品やブランドと顧客との間には、ライアンと兄たちの間にあった「あの夜の出来事」のような活き活きと記憶が蘇る場面があるとは限りません。そして多くの場合、市場には代替可能な商品やブランドがあふれています。「そもそも縁もゆかりもなく、いくらでも替えがいる存在」であることがスタート地点となります。そこに難しさがあります。

「ポジショニング戦略」で有名なアル・ライズは、「マーケティングとは、知覚をめぐる戦いであって、商品をめぐる戦いではない」（アル・ライズ&ジャック・トラウト『売れるもマーケ 当たるもマーケ マーケティング22の法則』P21）と言いました。広告やマーケティングもまた、ここまで述べてきたような人の「知る」ことや「記憶」や「物語」と常に共にあるものです。

「ブランド」という概念は特に「知る」ことや「記憶」することと密接に関係しています。「ブランドは人の知覚にのみ存在するものである」と言われます。「知覚に存在」するためには、「知られ」て「記憶される」ことが最低条件ですが、これまで話してきた論にのっとれば、「物語」がなければ「知る」ことも「記憶」されることもなく、つまりブランドは「存在し得ない」ことになります。また、「物語」がないというのは、言い換えれば「意味がない」ということです。「意味」がなければ、ブランドは無価値なものです。

さまざまなマーケティングファネルモデルが存在しますが、そのほとんどにおいて「記憶」や「理解」にあたるステップが存在します（ＡＩＤＭＡであればMemory、５ＡであればAppeal

など）。前述したような「知る」仕組みを考慮すると、マーケティングにおいても「物語」が不可欠であることは間違いありません。認知から「記憶」「理解」を経て「購買」に至り、「使用」し、その後「推奨」が生まれる。今日の標準的なファネルはおおよそそのように想定されますが、これらのいずれのステップにおいても「物語」は不可欠です。「物語」がなければ、「知る」ことも「理解」することも、「記憶」することもできないからです。そして、そのようなものは「購買」されることは難しいです。また、「物語」がなければ、「使用」において得られる経験価値も限定的なものとなるはずです。ましてや「推奨」となると、さらに「物語」が不可欠です。しかも、「推奨」においては、その「物語」を話者となる顧客に完全に委ねなければなりません。

今日のマーケティングにおいて「物語」の担い手は、決して商品・ブランドを保有する企業だけではありません。顧客もまた重要な「物語」の担い手であり、語り手なのです。過去においてもそうではありましたが、その重要性はより一層高まっています。ライアンが語った「あの夜の出来事」のような鉄板トークによって、顧客がブランドに関する「物語」を語っている状態。それが今日のマーケティングにおける理想的なゴールの一つであると言えます。

そして、メディア環境の変化も「物語」のつくり方に変化を迫っています。マスメディアが強力な影響力を持った時代においては、ブランドのつくりたい物語を企業が広告としてつくって、大量に放映し、繰り返し見せることによって、「物語」を構築することがある程度可能でした。しかし、今日、そのような力技はなかなか通用しません。企業が（多額の費用を用いれば）コントロールしやすくて強大な到達力を発揮する、当時のテレビのような世の中に大きな影響を及ぼす手段はもう存在しません。「物語」の重要性は高まる一方ですが、「物語」の構築は難しくなっているのです。

2．複雑化・観念化するマーケティング

マーケティングの目的と変遷

「物語」の話に入る前に、マーケティングの大きな流れ、変遷を一度振り返ってみたいと思います。マーケティングという概念は生まれて約１００年が経ち、さまざまな変化を遂げて今日に至っています。特に、インターネット、そしてスマートフォンが一気に普及したここ15年くらいの間でマーケティングは急激に変化しています。まさに急激な変化の渦中にあって、もちろん今起こっている変化をキャッチすることも大切です。しかし、「未来を理解するには、見ようとし

ている未来までの長さの少なくとも二倍は過去を振り返らないといけない」（ジェイン・マクゴニガル『幸せな未来は「ゲーム」が創る』Ｐ19）と言われるように、一度、大きな物差しで現地点を確認することも大切です。

ここでは主に、マーケティングの大家、フィリップ・コトラー氏の「マーケティング１・０」から「マーケティング４・０」までの流れを駆け足で追い、我々が今いる地点がどのような場所なのかを確認していきたいと思います。

マーケティングの目的をコトラーは次のように言っています。

「マーケティングの目的は、顧客によい製品を提供し、十分な満足感をつくり出すことだ。よりマクロ的な視点で見れば、経済を通して人々の生活を豊かにすべく、良質の製品やサービスを生み出すことこそ、その本義である。」（フィリップ・コトラー『コトラー　マーケティングの未来と日本』Ｐ９）

単に「顧客に製品を提供する」のではなく、「よい製品」を提供し、さらに「十分な満足感」

をつくり出すことが「マーケティングの目的」として定義されています。当たり前のことのようですが、「よい製品」とは何か、「十分な満足感」は何によってもたらされるのか、さらに「人々の生活を豊かにする」ために何をすればよいのか、などと考え始めると非常に遠大な目的・ゴールに思えてきます。そして、広告はマーケティング活動の一端を担う行為ですが、この大きな目的に対して、どのような貢献をすることができるのでしょうか?

製品中心のマーケティング1・0

「マーケティング」という概念が生まれたのは20世紀初頭と言われていますが、初期におけるマーケティングは「製品中心」の「マーケティング1・0」であったとコトラーは言います。先進国においてもまだまだ製造業が発展途上にあり、今日と違いモノの供給が需要に追いついていない時代でした。T型フォードで自動車の大量生産を実現したヘンリー・フォードによる、「顧客は好みの色のクルマを購入できる。ただし、その好みの色が黒である限り」という言葉があります。この言葉はまさにこの時代を象徴するものです。極論すれば、「つくれば売れる」という状態で、生産量と販路の確保さえできれば市場を制することができる、今から見ると超つくり手市場であり、極端に一方通行にも思える時代です。ただ、当時はあらゆるモノがまだ行き届いておらず、生活や生存に必要となるものをまずどう効率よく製造し、そして買える場所に届けるか、といった製造技術やロジスティクスにおけるイノベーションが争点となっていました。

コカ・コーラ社では昔から、マーケティングを行う上で必要となる「3つの〝A〟」というものが定義されていたそうです。3つの〝A〟とはAcceptability、Affordability、Availabilityです。Acceptabilityは直訳すれば「受容性」、つまり、その商品・ブランドが顧客に必要とされるようなニーズを満たすものであるかどうか、という意味。Affordabilityは「価格性」、手軽に購入できる、または価値に対して妥当性のある価格であるかどうか。Availabilityは直訳すれば「可用性」という意味で、これは購入・利用できる場所に商品が存在するか、という意味です。「欲しいもの」が「妥当な価格」で「買える場所にある」こと。この3つが実現できていれば買ってもらえるという考え方です。

この3つは不変的に重要な要素ですが（私も日々の業務で常に念頭に置いています）、「マーケティング1・0」の時代において、Acceptabilityは基本的な品質の製品をつくることさえできれば、十分に満たされていたようです。しかし、時代の経過と共に、そう簡単にはAcceptability

を高めることができないようになっていきます。

顧客中心のマーケティング2・0

「マーケティング2・0」は「顧客中心」のマーケティングと定義されています。これは、生産技術が向上して製品の品質に差がつきにくくなり、さらに経済成長が停滞し需要が足りなくなった時代に生まれたものとされています。「製品をつくれば売れる」という発想で供給サイドが主体となっていたマーケティング1・0では、この状況にマッチしなくなります。需要が伸びない結果、供給過多になり、モノは次第にあふれていきます。

必要とされる以上のモノがあふれた結果、今日まで続く「コモディティ」が生まれます。「コモディティ」とは、モノが飽和した結果、差別性が失われ、「どれでも同じ」という状態に陥ることです。「どれを買っても大差ない」となると、人はどんな商品を選ぶでしょうか？ 当然、安い商品を選びます。だから、価格を下げて製品を安く提供する。それを競合間で応酬する。そして、企業の利益を削る価格競争に陥っていきます。

この状態を脱するために、マーケティングはより戦略的なものに進化します。コトラーは、「この経済の停滞はマーケターを成長するための絶好の機会であった。」と言っています。まさに必要は発明の母です。

ここにおいてコトラーが提唱する「ＳＴＰ」が重要となってきます。「ＳＴＰ」とは、Segmentation（市場細分化）、Targeting（ターゲット選定）、Positioning（ターゲット顧客の頭の中に、自社製品について独自のポジションを築き、差別化イメージを植え付ける活動）の略称です。飽和している市場において、市場を細分化することによって機会を発見し、そこにいる顧客を明確に定義します。そして、市場内における競合商品との差別性を明確にして、自社商品を市場に位置付けます。単に漠然と顧客を「商品を購入してくれる人」と捉えるのではなく、市場を細分化しながら、顧客が「どんな人」で「何を望んでいる人」なのか、といったことを深掘って考えていきます。そして、彼らが求めること（ニーズ）をどうすれば満たすことができるかを導き出します。

また、それに伴って商品が提供する価値構造の捉え方も変化していきます。マーケティング１・０では、商品が提供する価値は主に「機能的価値」でした。飲み物であれば、渇きを癒したり単純においしいこと、自動車であれば安全に故障せず移動できること。そのカテゴリーの商品が提供する極めて基本的な価値のみが意識されていました。しかし、生産技術が進化し、問題のない製品をつくることが当たり前にできるようになり、先述した「コモディティ」現象が起きている市場において、この「機能的価値」は多くの場合「大差ない」状態に陥ってしまいます。

マーケティング2・0においては、それに加えて「情緒的価値」が意識されるようになっていきました。この時代になると、競合商品間で「機能的価値」の大きな差が生まれにくくなってきました。「情緒的価値」とは、「機能的価値」のような商品の物性に直接紐付いた具体的な価値ではなく、商品とは直接には関係のないイメージのようなものです。「かっこいい」「かわいい」「やさしい」「親しみやすい」といったものです。機能的には大差なかったとしても、得られる感情的、情緒的なものが異なることによって差別化を図ろうとしたわけです。

たとえば、コカ・コーラとペプシコーラは同じコーラ飲料で、目隠しして飲んだらどちらか当てることさえ難しいくらい〝飲み物〟としては似ています。しかし、提供しようとする情緒的価値は大きく異なります。

コカ・コーラは常に「いつでも、どこでも、誰でも」飲める飲み物として、すべての人に「幸せ」を提供しようとしてきました。それに対してペプシは、「ペプシジェネレーション」と呼ばれる特定の若い人たちへ向けて、「挑戦」する気持ちを応援してきました。コーラ飲料の「甘さ」「炭酸の刺激」「止渇」「黒い液色」を、コカ・コーラは「さわやかな憩い」「みんなで共有する幸せ」であると訴え、ペプシコーラは「挑戦する気持ちを掻き立てるもの」「自分らしさを主張すること」と捉えました。主張していることはほとんど真逆ですが、飲み物としての違いはほとんどありません。違うのは何でしょうか？　それは飲む人の気持ちです。

機能的価値は商品そのものから発せられるものであるのに対して、情緒的価値は商品のみでは見出され得ないものです。その商品を購入してほしい顧客が望む感情を想定して見出されるものです。「もっと自由になりたい」「癒されたい」「成功したい」「幸せになりたい」「過去に浸りたい」というように、私たちはさまざまな願望や欲望を抱えて日々生きています。それは物理的に「渇きを癒す」「空腹を満たす」「清潔にする」といったことだけでは満たされないもので、しかもそれが満たされたかどうかは、多分に本人の主観によるものです。情緒的価値は製品にもともと内在しているものではありません。しかし、競合製品にはない独自性を持ち、機能性を超えて愛される優れた製品は、必ず独自の情緒的価値も提供しています。

ただし、注意が必要なのは、その情緒的価値は必ず商品の機能的価値とつながるものでなければば意味がありません。ややこしい言い方になりますが、差別化のために情緒的価値を用いたとして、それに顧客が共感して購入してくれたとしても、最終的に使用時に生じる機能的価値と無関係なものは、継続的に提供し続けることはできません。

ここまで述べてきたように、機能的価値、情緒的価値を高めて継続的な購入を促し、売上、利益を向上させていくという考え方が「ブランド」です。ブランドとはいわば、それらの価値の「知覚上の容れ物」であり、ブランドの持つロゴやネーミング、カラーといったシンボルは、その知覚上の価値を再生するスイッチのようなものです。

90年代にデービッド・アーカー氏による「ブランド・エクイティ戦略」が登場して以降、「ブランド」はより一層重視されるようになっていきます。「ブランド」は、それまでマーケティングを実施する上での「4P」と並ぶ手段の一つとして捉えられていましたが、「ブランド」そのものが企業にとっての「資産」であるという「ブランド・エクイティ」という考え方の登場により、「ブランド」を「4P」の上位に位置付ける考え方も広まっていきました。極端な言い方をすれば、「ブランドが提供する（機能的・情緒的）価値」がまず最上位にあり、そしてその「価値」を具現化・実体化する手段として「4P」を用いる（製品をつくり、価格を設定し、販売チャネルをつくり、そのことを知らせていく）という考え方です。手段としての「ブランド」から目的としての「ブランド」へと、手段と目的が見事に逆転しています。当然、ここで設定する「価値」は企業側の都合で一方的に決めるものではなく、顧客の欲望・願望・価値観との間で生み出すものです。

このブランド論も含めて、マーケティング2・0では、マーケティング1・0の頃と比べると2つの主客転倒が起こっているように思います。一つは「企業と顧客」の主客転倒、もう一つは「4Pとブランド」の主客転倒です。マーケティングは企業内部のマネジメントの仕組みから、次第に世の中にいる顧客の知覚上に価値を生み出す仕組みへとシフトしていったのです。

2節の冒頭で引用したコトラーによる「マーケティングの目的」を振り返ると、「よい製品」を提供した結果、「十分な満足感」をもたらすためには、このマーケティング2・0の考え方が重要になってきます。価値は商品から一方的にもたらされるものではなく、顧客の知覚上で生まれるものです。また、そこには顧客の知覚上に存在する願望、欲望、価値観といったものとの間に生じる、情緒的価値が不可欠なものとなります。モノがあふれた世の中において、競合に対して優位となる差別性は、そのブランドだからこそ与えられる「十分な満足感」によってもたらされるのです。

人間中心のマーケティング3・0

2010年に提唱された「マーケティング3・0」のコンセプトは、長らく続いていたマーケティング2・0をさらに高次元へと推し進めるものでした。

「現在、われわれはマーケティング3・0、すなわち価値主導の段階の登場を目の当たりにしている。マーケティング3・0では、マーケターは人びとを単に消費者とみなすのではなく、マインドとハートと精神を持つ全人的存在ととらえて彼らに働きかける。消費者はグローバル化した世界をよりよい場所にしたいという思いから、自分たちの不安に対するソリューション（解決策）を求めるようになっている。混乱に満ちた世界において、自分たちの一番深いところにある欲求、社会的・経済的・環境的公正さに対する欲求に、ミッションやビジョンや価値で対応しようとしている企業を探している。選択する製品やサービスに、機能的・感情的充足だけでなく精神の充足をも求めている。」（フィリップ・コトラー『コトラーのマーケティング3・0』P17）

「マーケティング3・0」は、「製品中心」の1・0、「顧客中心」の2・0に対して、「人間中心」

マーケティング1.0、2.0、3.0の比較

	マーケティング1.0 製品中心のマーケティング	マーケティング2.0 消費者志向のマーケティング	マーケティング3.0 価値主導のマーケティング
目的	製品を販売すること	消費者を満足させ、つなぎとめること	世界をよりよい場所にすること
可能にした力	産業革命	情報技術	ニューウェーブの技術
市場に対する企業の見方	物質的ニーズをもつマス購買者	マインドとハートをもつ、より洗練された消費者	マインドとハートと精神をもつ全人的存在
主なマーケティング・コンセプト	製品開発	差別化	価値
企業のマーケティング・ガイドライン	製品の説明	企業と製品のポジショニング	企業のミッション、ビジョン、価値
価値提案	機能的価値	機能的・感情的価値	機能的・感情的・精神的価値
消費者との交流	1対多数の取引	1対1の関係	多数対多数の協働

出典：藤井清美 訳／フィリップ・コトラー／ヘルマワン・カルタジャヤ／イワン・セティアワン／恩藏直人 監訳『コトラーのマーケティング3.0』(朝日新聞出版)

の3・0と言われています。大きな転換のポイントは、顧客を「商品を買ってくれる人＝消費者」と捉えるのではなく、「マインドとハートと精神を持つ全人的存在＝人間」と捉えるようになった点です。マーケティング2・0では、その目的が「消費者を満足させ、つなぎとめること」とされていました。しかし、マーケティング3・0では「世界をよりよい場所にすること」となっています。

背景には、コトラーが現代を社会・経済・環境の急激な変化と混乱の中にある「動乱の時代」と捉えていることがあります。マーケティング2・0の時代においては、「市場」というフィールドの中で「企業」と「顧客＝消費者」

が相対して、隣り合う競合企業との差別化を繰り広げながら「顧客＝消費者」を満足させることが目的とされていました。

しかし、「動乱の時代」であるマーケティング３・０の時代では、「地球」というフィールドの中で「世界をよりよい場所にする」ために、企業は「ビジョン・ミッション・価値」を提示し、「顧客＝全人的存在」はそのために相応しい企業を探し、企業と「協働」することによって精神的な充足を得ます。そしてさらに、マズローの欲求５段階説で最上位に位置付けられている「自己実現」欲求を満たすことに至ります。マーケティング３・０では、このように非常に高次元の欲求を満たすことが目指されています。

これまで「消費者」と捉えられてきた顧客を「全人的存在」として捉え直すことは、同時に企業に対して、単なる「製品の供給者」ではなく、固有のビジョンや意思を持つ人格のある存在（キャラクター）となることも求めています。そのためには、自画自賛のイメージ広告や茫洋として具体性のないビジョンの積み重ねはまったく役に立ちません。それらが発するメッセージが言行不一致に映れば、むしろ逆効果にさえなります。統合された人格を持つ存在となるためには、その核となるアイデンティティを持ち、信じられる存在となる必要があります。それは、通常の人対人の人間関係においては当たり前のことですが、企業と顧客の関係においても同じことが求められます。

また、マーケティング3・0において特徴的なのは、顧客に対するマーケティングだけでなく、企業のステークホルダー、社員や株主やパートナー企業に対するマーケティングも重視している点です。ブランドのビジョンを具現化するための〝行動〟は一貫性を持ち、あらゆる局面において継続的になされることが必要です。そのためには、単発的な対顧客のマーケティング施策だけでなく、企業そのものを形づくっている従業員をはじめとするステークホルダーも巻き込んで、企業のあらゆる活動がビジョンを目指していかなければなりません。たとえば、スターバックスの「サードプレイス」という価値は、ポジティブでホスピタリティあふれる店舗スタッフの接客なくしては成り立ちません。それは巨額の予算を用いてCMフィルムを大量に放映するよりも、強力にブランドの価値を具現化しています。

オンライン・オフライン交流を一体化させるマーケティング4・0

「マーケティング3・0」から「マーケティング4・0」への変化は、それまでの1・0から

3・0までの変遷とは異なるものとなっています。1・0から3・0の変遷は、マーケティングの目的や顧客・市場の捉え方といった大きな枠組みの変化でしたが、4・0では基本的に3・0の「人間中心」の枠組みの中での「実践」に関する変化にフォーカスが当てられています。

マーケティング1・0から3・0までの変遷が約100年の時間軸で起こったのに対して、3・0から4・0まではわずかに7年です。コトラーがこの急速な〝アップデート〟を強いられたのは、この間に起こったマーケティングに大きな影響を与えるテクノロジーの急激な進化と普及によるものです。ことに、『コトラーのマーケティング3・0』（2010年）が出版される3年前に発売されたiPhoneを嚆矢とする「スマートフォン」の急速な普及がトリガーとなっています。

スマートフォンの普及によってもたらされたものが、「接続性」と「移動性」です。常時接続、常時携帯を可能にした人類史上初のデバイスは、私たちの行動や意識にも大きな影響を及ぼしています。コトラーは、この「接続性」と「移動性」によって生活のペースが加速する中、顧客の関心の持続時間が短縮し、集中することが難しくなっていると指摘しています。

そのような環境下でマーケティングを行っていく上での大きなポイントとして、「オンライン交流とオフライン交流の一体化」「ブランドの本物の個性の重要性」が挙げられています。

「マーケティング4・0とは、企業と顧客のオンライン交流とオフライン交流を一体化させるマーケティング・アプローチである。デジタル経済では、デジタルの交流だけでは不十分だ。それどころか、ますますオンライン化している世界で、オフラインの触れ合いは強力な差別化要因になる。（中略）その一方で、ブランドの本物の個性がかつてないほど重要になっている。ますます透明性が高まる世界では、オーセンティシティ（真正性）が最も貴重な資産となる。」（フィリップ・コトラー『コトラーのマーケティング4・0』P76）

デジタルマーケティングの進化はマーケティングにとって非常に有効なものですが、一方で、ただそれを駆使すればよいのではなく、そこにオフラインの伝統的マーケティングを組み合わせることが求められています。また、その前提として、虚飾性ではなく真正性によるブランドの個性が重要とされています。デジタルマーケティングによってタッチポイントの増大と効率化が可能となりますが、単に多くの接触を図るだけでは不十分です。

「タッチポイント（ブランドと顧客との接点）やメッセージ量の増大が必ずしも影響力の増大にはつながらないことを、企業は理解する必要がある。必要なのは、他社より目立つこと、そして、ごく少数の重要なタッチポイントで顧客と有意義なつながりを築くことである。実際、顧客をブランドの忠実な推奨者にするために必要なのは、ブランドからのわずか一瞬の予期せぬ感動だけだ。」（フィリップ・コトラー『コトラーのマーケティング4・0』P92）

単に数打てばいいわけではなく、「感動」に足るような特別な接触が必要であるというコトラーの指摘は非常に重要です。集中力を欠く顧客に対して有効なのは「感動」であり、我々はその「感動」を与え得るものが「体験」であると考えています。

もう一つのキーワードは、引用文中にも出てきた「推奨」です。今日、「AISAS」などの多くのマーケティングファネルモデルがそうなっているように、コトラーもここで「5A」というモデルを提唱しています。5Aでは、「認知（Aware）」「訴求（Appeal）」「調査（Ask）」「行動（Act）」「推奨（Advocate）」の5段階が設定されています。このモデルをベースに、主にファネルの前半では認知や意識形成に有効な「伝統的マーケティング」を、後半では個別最適化した

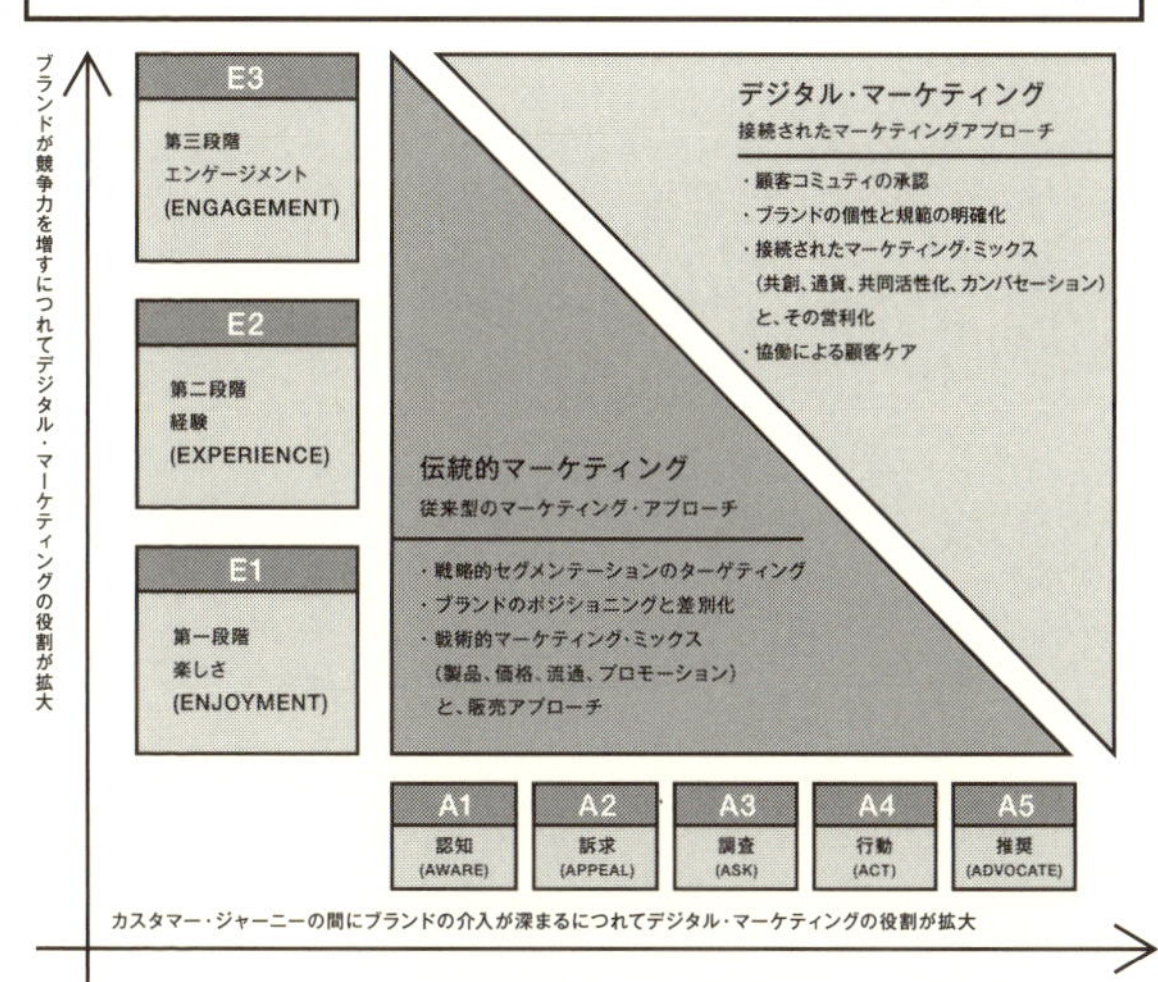

出典：藤井清美 訳／フィリップ・コトラー／ヘルマワン・カルタジャヤ／イワン・セティアワン／恩藏直人 監訳「コトラーのマーケティング4.0」(朝日新聞出版)

コミュニケーションや顧客との協働に適した「デジタルマーケティング」を統合的に適材適所で活用することが提唱されています。

「デジタル・マーケティングは、伝統的マーケティングにとって代わるべきものではない。(中略)企業と顧客の交流の初期段階では、伝統的マーケティングが認知と関心の構築に大きな役割を果たす。交流が進み、顧客が企業とのより緊密な関係を求めるようになると、デジタルマーケティングの重要性が高まる。デジタルマーケティングの最も重要な役割は、行動と推奨を促すことだ。デジタルマーケティングは伝統的マーケティングより測定しやすいので、その焦点は結果を出すことに当てられる。それに対し伝統的マーケティングでは、顧客の交流をスタートさせることに焦点が当てられる。」（フィリップ・コトラー『コトラーのマーケティング4・0』P85）

つまり「感動」するような〝体験〟を与えることによって行動を生み出し、さらにそれらのプロセスを経ることで、「推奨」につながるような〝物語〟を顧客にもたらすことが求められているのです。

マーケティングの主導権のシフト

このようにコトラーのマーケティング1・0から4・0までの流れを見てみると、次第にマーケティングの主導権、主体者が企業から顧客へ、そして社会へとシフトし、また扱われる「価値」も具体的な機能的価値から情緒的価値へ、そして精神的価値へとより観念的なものにシフトしていることがわかります。言ってみれば、単なる機能的な役割を果たすだけでなく、より顧客たち、そして社会にとって、さまざまな意味を生み出すものとなることが求められています。

そしてもう一つの流れが、コントロールした情報による一方通行のコミュニケーションの限界です。時代の進展と共にマーケティングも進展し、そこで成し遂げようとする「価値」自体も企業が単体でつくるものではなくなっていっています。顧客と社会とブランドの共作によって成り立つものと言えるかもしれません。それは企業による主体的なコントロールが及ぶ範囲が限られてくることを示しています。自画自賛や我田引水のような広告を繰り返し見せることによって印象を操作するようなアプローチは、まったく通用しない世界です。

「ソーシャル・メディアの普及による透明性ゆえに、ブランドはもはや客観的に証明できない虚偽の約束はできなくなっている。企業は自身をどのようにポジショニングしてもかまわないが、本質的にコミュニティ主導のコンセンサスがなければ、そのポジショニングは企業の見せかけの姿勢にすぎなくなる。」（フィリップ・コトラー『コトラーのマーケティング４・０』Ｐ80）

ちょうど、コトラーが『マーケティング３・０』を発表した２０１０年と同年のad:tech tokyoで、Naked communicationsのクリエイティブ・ディレクターJonny Shaw氏が自社の名前になぞらえて言っていた言葉が、今でもとても印象に残っています。

「ブランドは顧客の前でもっと裸になるべきだ。」

3．物語をつくる3つの視点

伝えることは難しくなっているのに、もっと好きになってほしい

前節で述べたように、広告・マーケティングの主導権は、年々、企業の手を離れ顧客へと移っていっています。それはマーケティングにおける争点や提供する価値の変化の結果であり、また、デジタル化による情報環境の変化の結果でもあります。

そして、コミュニケーションの断片化・複雑化が進む中、さまざまなコミュニケーション手段を講じる必要に迫られる一方で、過度な部分最適によって最終的な成果に結び付かないケースもあります。さまざまな接点で、言っていること、やっていることがバラバラになってしまってブランドの一貫性を保てなくなってしまうケースも起こりやすくなります。

大きな流れとして言ってしまうと、マス広告、特にテレビが強かった時代において、CMは非常に影響力の強いコミュニケーションとして機能していました。それは、高い視聴率＝多くの人

が見ていたことと、高い注目率＝意識を集中して見てもらえていたことによってもたらされていました（注目されることを前提として広告表現は非常に高度化・複雑化していきました）。企業は広告に対して費用を投下すれば、ある程度の確実性をもって（商品認知などは特に）成果を得ることができました。そして、ＣＭの中で描かれるシーンや登場人物、音楽などによって、その商品のイメージが形成されたり、特別な感情を抱くきっかけとなることさえ可能とされていました。

しかし今日、そのように一気にさまざまな課題を解決し得るような、強力で特権的でどんな企業でも使いやすいコミュニケーション手段は存在しません。伝えることは難しくなっています。

また、その一方で、顧客による「推奨」に対する期待は日に日に高まっています。企業が広告で発信するメッセージよりも格段に信頼性が高く、人々の行動に影響を与える「人々からの推奨」は企業にとって喉から手が出るほど欲しいものです。しかしそれは原理的に〝お金で買える〟ものではありません。擬似的にお金で推奨を買えるようにしているサービスも存在しますが、それらは淘汰されていきます。「推奨」はあくまで、生身の人間が自分の意思によって行うからこそ価値を持つのです。そしてそのためには、過去よりもより一層、ブランドに対する思い入れや特別な感情を持ってもらうことが必要となっています（ただし、第２章で述べますが、日本において「推奨」に対する過大な期待はそもそも難しい面があります)。

「伝えることは難しくなっているのに、もっと好きになってほしい」。これが今日の広告・マーケティングの仕事の難しさだと思います。「推奨」を生み出しやすくする、広まりやすくするための〝手段〟は日々進化しています。デジタルによってもたらされたSNSのような仕組みがあるからこそ、我々は「推奨」に夢を見るのです。しかし、それはいわば「回路」のようなものに過ぎず、どんなに精緻な回路を設計したところで、肝心の「エネルギー」がなければ何も起きません。生身の人間が、わざわざ自分の時間や労力を使って、縁もゆかりもないブランドを「推奨」する、そんなある意味奇特とも言える行動を引き起こすための「エネルギー」。そのエネルギーを引き起こす核となるものが、「物語」と「体験」であると我々は考えています。

「物語」と「体験」

かつてブランドの「物語」は、注目されるメディア(テレビなど)を通して、たとえて言うなら「じっくり面と向かって何度もお話する」ことによって伝えられていました。優れたCMは人々にそのブランドの「物語」を認知させ、共感させ、想起させせました。そして、そこで語られる「物語」は基本的に企業が完全にコントロールしたもので、原則的に企業やブランドの不利益になるようなことは語られず、商品の特性やイメージが語られました。いわば「言いたいことをキッチリつくって何度も大量に言う」ことによって形成されていました。

タイ・モンタギュー氏は著書『スーパーストーリーが人を動かす』の中で、彼が提唱する「スーパーストーリー」について次のように定義付けています。

「たいていの人は〝ストーリー〟と聞くと、『ジャックとジルが山登りをした』というような物語や、『BP（ブリティッシュ・ペトロリアム）では、石油以外のエネルギーに移行中である』などの状況説明を思い浮かべる。本や歌や広告などを通じて語られるこういったものを、『従来型ストーリー』と呼ぶことにしよう。これらには基本的に2種類のストーリー、つまりフィクションとノンフィクションがある。

この2種類の従来型ストーリーのほかに第三のストーリーがある。実際の行動を通じて語られる「スーパーストーリー」である。それは言葉によって語られるのではなく、行動そのものがストーリーになっている。「ストーリーテリング」ではなく「ストーリードゥーイング」というわ

けだ。」（タイ・モンタギュー『スーパーストーリーが人を動かす』P18）

我々が考える「物語」は、タイ・モンタギューが提唱する「スーパーストーリー」に近いものです。CMやボディコピーといった、映像やグラフィックなどのコンテンツの内部で語られる物語」のみを指すものではありません。先述したように強力なマスメディアを失った今、「直接的に物語を語る」ことによって達成できることは限られています（だからマスメディアを用いた広告が一切不要ということではありません。ただ、あくまで、かつてのような万能の手段ではなくなったということです）。我々が考える「物語」とは、ブランドが顧客や社会といったあらゆるステークホルダーに対して接する、あらゆる接点において実践し行動し、「体験」を生み出すことによって具現化していくものだと考えています。

「物語」は「体験」されることによって、具現化、実体化されていきます。「物語」は顧客にとってブランドの価値を生み出す〝意味の連なり〟であり、「体験」は従来の広告などはもちろんのこと製品・サービスそのものやPRやIR、さらに言えば従業員なども含めて「あらゆる接点」で実践・行動することによって生み出していくものと考えています。コトラーがマーケティング

3・0で述べたような「全人的存在」としての顧客と向き合っていくためには、言行不一致のその場限りの「Story Telling」では力を持ち得ません。その企業・ブランドのビジョン、意志に基づいた本物の「物語」を実践（Story Doing）し、「体験」を生み出すことこそがこれからの広告・マーケティングにおいて最も重要となっていくはずです。

我々がこれから目指していきたいのは、ある種の管理された額縁の中での一方通行の美しい嘘ではなく、生身の人間の本物の「体験」を核とした新しいコミュニケーションを通して「物語」を形づくっていくことです（「体験」に関しては第2章で詳しく述べていきます）。

「物語」の3つの視点

では、その「物語」とはどのようなものであるべきでしょうか？

まず、これまで述べてきたような大きなマーケティングの変遷、つまり企業から顧客、社会へとマーケティングの主導権がシフトしていることを意識する必要があります。ブランドが自分の物語を自分語りするだけでは当然機能しません。顧客に愛してもらうためには、顧客にとっての物語でもある必要があります。そして、コトラーが言うように顧客を「全人的」に捉えるのであ

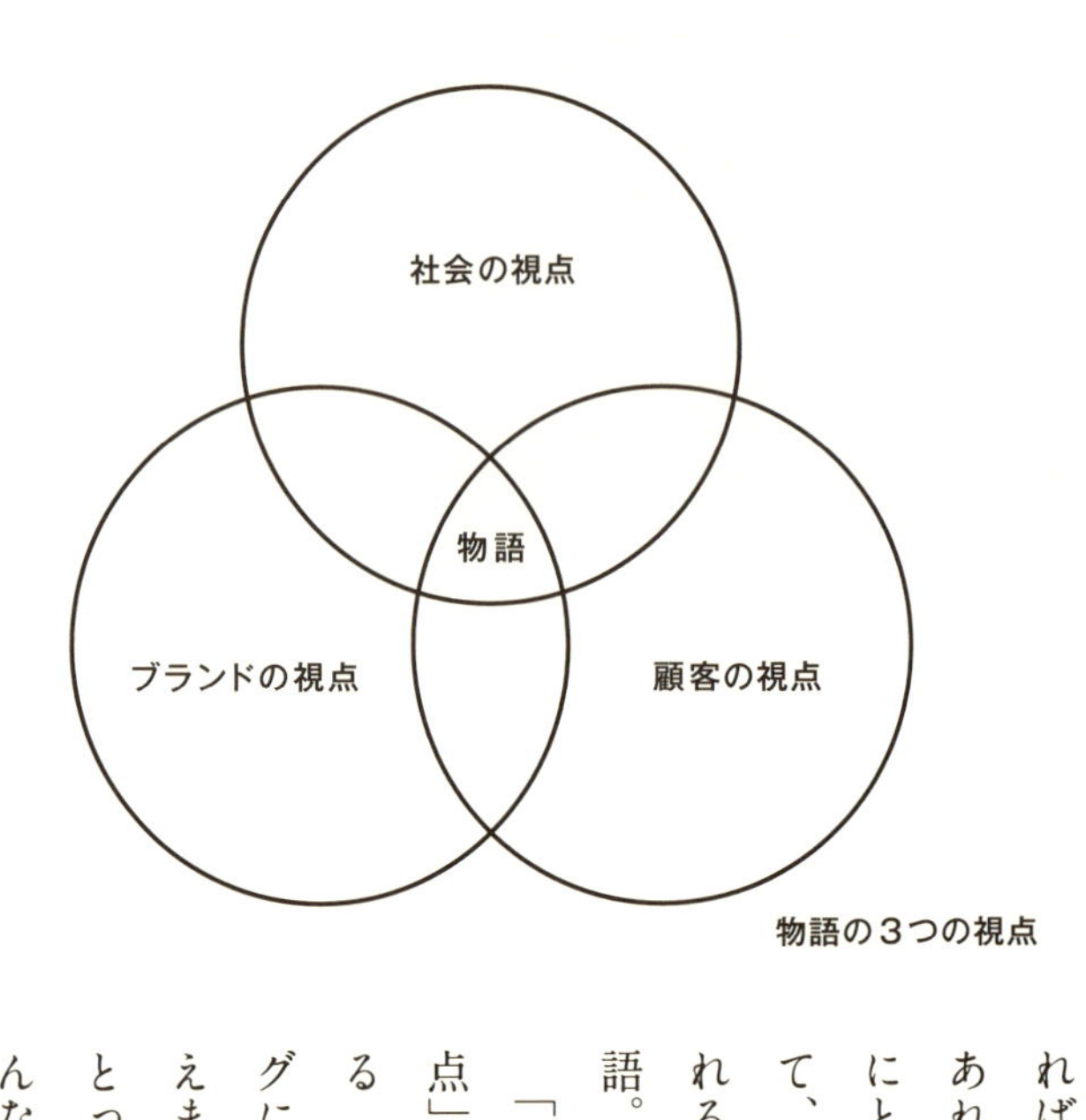

物語の３つの視点

れば、また企業自体が人格的に捉えられるのであれば、「社会の視点」も欠かせません。顧客にとって、社会にとって、そしてブランドにとって、意味のある物語。その３つの視点から生まれる、世の中に新たな価値を生み出すような物語。それこそが目指すべき「物語」です。

「顧客の視点」「社会の視点」「ブランドの視点」、この３つの視点が重なるところに生まれる「物語」こそが、今日の広告・マーケティングにおいて追求すべきものなのではないかと考えます。言い換えれば、その「物語」は顧客にとってどんな意味があるのか、社会にとってどんな意味があるのか、そしてブランドにとってどんな意味があるのかを考え、その三者のいずれにとっても意味のあるもの、その中のどれか一つ欠けたとしても成り立たなくなるようなもの、三者の視点が分かち難く結び付くことによって完成する「物語」を目指していきたいです。

たとえどんなに顧客にとって感動的で、社会的に意義のある「物語」であったとしても、そのブランドである必然性をまったく含まない「物語」は、広告・マーケティングの手段としては十分に機能しません。たとえブランドにとって非常に美しい「物語」であったとしても、顧客や社会にとって意味のないものであれば、それはただの都合のよい自画自賛の話でしかありません。

顧客の視点―顧客の人生に影響を及ぼす物語

先に述べましたが、今日の情報環境において、人々の情報発信力はその量と影響力の両面で非常に強力なものとなっています。それらを期待したマーケティング施策も数多くあります。しかし、単にそのブランドのことを口に発すれば意味があるのでしょうか？　費用を払うことによって、SNSに投稿を促す手段もありますが、強い意思もなく、単にポイント欲しさに繰り返されたRT（リツイート）にどれほどの意味があるのでしょうか？　生身の人間の意思をまったく含まない、空虚なつぶやき、空虚なまとめに何の意味があるのでしょうか？

ダグラス・B・ホルト氏は、人々の口コミを活用するバイラル・ブランディング・モデルの問題点について以下のように指摘しています。

「ただ人々に何かをしゃべらせる――例えばCMのキャッチフレーズをしゃべらせる――だけでは、特筆すべき出来事にはならない。そうした話はたいていすぐに忘れられてしまうし、そうでなくても「物語」の本筋から切り離されてしまう。本当に記憶に残るのは、人々の自己存在意識に影響を及ぼす「物語」である。バイラル・ブランディング・モデルの問題点は、どんなコミュニケーションでも繰り返されれば効果が生まれるという前提に立っていることにある。しかし現実には、人々の記憶に残るかどうか、そして人々がそれを日常生活でシンボル的に使うかどうかが、はるかに重要なのである。」（ダグラス・B・ホルト『ブランドが神話になる日』P70）

この本が書かれたのは2005年（やっとユーチューブが生まれた頃）なので、まだまだSNSが本格的に普及する前の話ですが、この指摘は今日においても通じるものがあると思います。意味のある「推奨」「口コミ」が生まれるには、そこで語られる「物語」が、他ならぬ語り手である「顧客」にとって、かけがえのない自分自身の一部となるような「物語」であることが必要です。自分にとってそのブランドがどんな存在であるか、それがいかに自分にとって大切なものであるかを意識した「物語」を持つ人だけが、そのブランドのことを記憶し、意味のある「推奨」を行えるはずです。

しかし、少し考えてみればわかりますが、ほとんどの人にとって、そのような「推奨」の対象となるような「物語」を持ち得るようなブランドは極々わずかなはずです。その製品をたとえ毎日のように使用していても、特別な思い入れのないものが大半だったりします。ある人にとって、「語るに足るブランド」となることは非常に狭き門なのです。そこで、ホルトが指摘するような「人々の自己存在意識に影響を及ぼす物語」をつくり出すことが必要なのです。

先述したように、「伝えることは難しくなっているのに、もっと好きになってほしい」という課題に常にさらされている我々にとって、「人々の自己存在意識に影響を及ぼす」レベルで愛されるブランドとは何かという観点が重要なのです。そこまでには至らない普通のブランドとの違いや、そのための条件を研究したホルトのこの「物語」論は非常に刺激的で、今日においてもとても重要な考え方だと思います。

ホルトは、「人々の自己存在意識に影響を及ぼす物語」を持つブランドを「イコン的ブランド」と呼びました。「イコン」とは、社会において重要視されている思想や価値観の最も強力なシンボルとして広く認知されているものです。

たとえば、ジェームズ・ディーンは1950年代のアメリカにおける「反抗の象徴」として認知されていました。ジェームズ・ディーンは他の誰よりも、男は自律的に生きるべきであるという思想を体現していました。それは、会社に勤めて郊外に家庭を持つという、戦後のアメリカの核家族モデルに対する反逆のシンボルとなったのです。また、ジョン・ウェイン、ジョン・F・ケネディ、マイケル・ジョーダン、モハメド・アリ、スティーブ・ジョブズといった人たちも「イコン」として挙げられています。いずれもジェームズ・ディーンと同じように、それぞれの時代において、それぞれの象徴性を持つシンボルとなった人たちです。ホルトは「イコン」となるための条件として、以下のように述べています。

「イコンは一種の物語――アイデンティティの神話――の象徴として、人々が自分のアイデンティティに関わる願望と不安を重ね合わせる対象となっている、という点である。イコンが並々ならぬ価値をもつのは、それが最も熱心な支持者たちに対して、重いシンボル的意味をもつからに他ならない。イコンはその時どきの歴史的文脈において社会が特に必要としている神話を、カリスマ的に体現してみせる」（ダグラス・B・ホルト『ブランドが神話になる日』P19）

非常に興味深いのは、個々人のアイデンティティの「願望や不安を重ね合わせる」対象であるのと同時に、「歴史的文脈において社会が必要としている神話」を体現するという点です。個人のアイデンティティという極めて〝個人的〟なことと、歴史的文脈や社会といった〝集団的〟なことを同時に見据えて満たす必要がある、ということです。

「マーケター側はブランドというものを、個々の消費者の認識から生まれる心理的現象として考えようとすることが多い。しかしブランドに力をもたらすカギは、消費者側の認識の集団性にある。つまり、『物語』が社会的な通念となり、人々の日常生活において真実として扱われることによって、その物語はますます力を強めていくのである。」（ダグラス・B・ホルト『ブランドが神話になる日』P21）

ホルトが繰り返し強調しているのは、ブランドがシンボル的な意味を持つ「イコン」となるためには、個々のブランドと顧客の間での「物語」ではなく、それが同時に社会にとっての「物語」としても成立するべき、ということです。裏を返せば、人々（顧客）のアイデンティティは個人の中で完結しているものではなく、極めて社会的なものであり、歴史的・社会的文脈における意味合いも持たない限り、「願望と不安を重ね合わせる」ことができるようなブランドにはなり得ないということです。

第2章でも紹介しますが、ゲータレードの「ＲＥＰＬＡＹ」などはその極めて優れた例の一つだと思います。「ＲＥＰＬＡＹ」はゲータレードがアメリカで行ったコミュニケーション活動で、「社会的、国民的な〝記憶〟として残っている『決着がつかなかったアメリカンフットボールの名試合』を、すでに中年にさしかかっているその当時のメンバーたちが、再び（ゲータレードを飲みながら）トレーニングをし、〝復活〟して試合の続きを行う＝ＲＥＰＬＡＹ」というストーリーのもと、さまざまな広告やＰＲを組み合わせて行われました（この組み立ての見事さなどは第2章で詳述します）。

ここには極めて優れた「男性神話」的な「物語」が構築されています。

「過酷なスポーツの世界から離れ安寧を得た世界を捨てて（平凡な世界からの脱却）」
↓「かつての仲間と再会しハードな努力を積み重ねて衰えた身体を再生する（試練・仲間・準備）」
↓「そして、テレビ中継がされる中、最終決戦を迎える（後戻りできない・全力で戦う）」
↓「途中で終わってしまったものを成就する（宝を持って帰る）」

「ＲＥＰＬＡＹ」が生み出すこのような「物語」は、参加した元プレイヤーたちだけでなく、多くの同じような元スポーツマンたち、スポーツに限らず「何かを途中で諦めてしまった」人たち、今の自分は本当の自分ではないと思い「何かを取り戻したい」と思っている人たちなど、さまざまな人々への共感を呼び得るものです。また、別の社会的視点では、中年男性の肥満・運動不足という社会問題への貢献という意味合いもあります。ダイエットに関する情報やサービスは多く巷にあふれていますが、これほどヒロイックな気分で運動やダイエットに取り組める社会的文脈はなかなかないと思います。そういった点からも本当に優れた事例です。

社会の視点 ― 大きな課題と協働関係

「社会にとっての物語」という視点が必要となるのには、大きく2つの理由があると考えています。一つは、これまで述べてきたように、「顧客にとっての物語」をより深いレベルのものとしていくためには、個人の意識にとどまらず社会の集団的意識を捉えていく必要があるという点。もう一つは、企業・ブランドの活動が、数多ある社会課題に対して貢献しているか（「世界をよりよい場所にする」ことに貢献しているか）が問われるようになった点です。

「限りある世界」の中では闇雲な拡大ではなく、持続するための責任が求められます。そして、その企業やブランドが存在することが、経済をまわすことだけでなく、それ以上の必然性があり、社会にとって有益なものであることが求められるようになりました。２０１５年の「国連持続可能な開発サミット」において、「貧困をなくそう」「飢餓をゼロに」「すべての人に健康と福祉を」「質の高い教育をみんなに」など、２０３０年までに実現したい17の開発目標が採択されました。これらの課題は、コトラーが言うところの「動乱の時代」である現代において誰もが無視することのできない大きな課題であり、一朝一夕に解決することのない困難な課題でもあります。また、これらの課題に限らず、社会にはさまざまな課題が数多く存在しています。日本社会で言えば、少子高齢化、働き方、待機児童問題などの課題に直面しています。こういった課題に対して、CSR（Corporate Social Responsibility 企業の社会的責任）として企業が寄付や社会貢献活動といった形で対応をすることが一般的になっています。

そうした中、2011年にはハーバード大学大学院教授のマイケル・ポーター氏が「CSV（Creating Shared Value 共通価値の創造）」という概念を提唱しました。これは、CSRのように本業とかかわりなく寄付や社会貢献活動をするのではなく、「本業自体に関連しながらきちんと営利性も担保して、社会貢献を果たす。そして、それにより企業・ブランドの競争力を高める」というものです。ほぼ同時期にコトラーがマーケティング3・0でマーケティングの目的を「世界をよりよい場所にすること」と定義したように、企業の社会貢献は決して単なる偽善や贖罪や自己満足ではなく、社会から切に求められていることであり、その要求に応えることは名誉だけでなく、まわりまわって営利的なメリットをもたらすものであると言えます。

そして、こういった「社会課題」のまわりには、常に多くの「社会的な文脈」が潜んでいます。「社会課題」は言ってみれば、物語における格好の「倒すべき敵」になり得ます。顧客とブランドという2項が相対するのではなく、社会というさらに大きな枠組みの中で「社会課題」という

〝敵〟が登場することによって、顧客とブランドは巨大な敵に立ち向かう「協働」関係になり得ます。向かい合うのではなく、同じ方向を見る仲間のような関係が生まれます。

また、こうした「社会課題」に対する姿勢や態度を企業・ブランドの物語に組み込むことは、〝存在意義〟を見出すことにもつながります。なぜ、その企業・ブランドが社会の中にあるのか、何のためにあるのか、世の中の何の役に立っているのか、そういった視点から見つめ直すことは、まずその企業・ブランドに直接的にかかわる社員や我々のような広告会社などの外部関係者にとって重要な視点となります。

広告・マーケティングの仕事をする際、当然ですが、ビジネス上・マーケティング上の課題が設定されています。しかし、そこでいきなりその課題に対峙して解決方法を探るのではなく、一度、「なぜこのプロジェクトをするのか？」と立ち止まって俯瞰してみると、今まで見えていなかった「物語」が見えてくることがあります。

「社会課題」は簡単に解決できるものではありません。しかし、日々行っていくプロジェクトが少しでもその大きな課題の解決へと貢献するように企画・設計することは可能です。そうすることによって、物語はより「大きな物語」となり、大きな推進力を生み出します。「売上を上げる物語」よりも「社会をよくする物語」のほうが多くの場合パワフルです。その効果は、まず世の中に出る前にプロジェクトにかかわる人間のモチベーションとなり、強力なエネルギーを生み出します。そして、ここでもクライアントと広告会社のような外部会社との間での「協働」関係が発生します。この「大きな物語」の推進力が機能し始めると、「受発注」の関係を超えた「チーム」になれる気がします。そんな「チーム」こそが、世の中に対して意味のある仕事を生み出せるのではないでしょうか。

ブランドの視点—その物語はブランドにつながっているか?

あまりにも当たり前のことですが、ブランドの視点が欠けていたり、辻褄合わせしかしていない「物語」は、広告・マーケティングの手段として成立しません。私は、広告・マーケティングの面白さは、さまざまなプロセスを経た上で最終的な製品・サービスが世に出て、実際にそれが使用する人たちに届き、そこで体験が生まれることにあると思っています。映像として、グラフィックとして、単独での面白さを追求するのであれば広告としてやる必要はないはずです。

インターネットメディアにおいては、テレビと違い、視聴する・しないの選択権がより受け手に渡ったことにより、いかにすれば「見てもらえるか」を追求する試みが多く行われました。「見てもらいやすい」ものをつくろうとするのは正しいのですが、その過程でともすれば「商品のことは言わないほうがよい」といった倒錯した見解も生み出されました。ただでさえ、一つひとつのコンテンツに対する注目度は量も質も低下しています。仮に面白さや感動によってそのコンテンツを見てもらうことができたとしても、その面白さや感動が、そのブランドの「物語」として記憶されなければ、残念ながら効果は生まれません。商品のことを言わずしても、そのブランドの「物語」として記憶されるのであればよいのですが。

たとえば、「Thank You, Mom」というWeb動画があります。「Thank You, Mom」は2012年から続いているP&Gのキャンペーンです。P&Gのトイレタリー商品の主たる使用者である「お母さん」への感謝を込めたシリーズで、毎回非常にクオリティの高い映像コンテンツがつくられることで広告業界では有名です。オリンピック公式スポンサーでもあるP&Gは、2014年のソチオリンピックの際にも素晴らしい動画を制作しました。映像はこんな内容です。

雪の中や氷の上で遊ぶ小さな子ども。何度も転ぶ。その度に母親が起こしてあげる。成長した子どもはアイススケートやスキーをし始める。何度も転ぶ。母親は子どもを起こし、かじかんだ手足を温める。さらに成長した子どもはアスリートになりオリンピックに出場する。祈るように見守る母親。歓喜の瞬間、アスリートはスタンドの母親に駆け寄り抱きしめ合う。そして「Thank You, Mom」のメッセージと共に、P＆Gの代表ブランドのロゴ（タイド、パンパース、ジレット、デュラセル、バウンティ）、「P&G Proud sponsor of Moms」とテロップが出る。

ドラマとしての感動は、やはりオリンピックでの歓喜の瞬間にありますが、その直後に出てくるメッセージとP＆Gのロゴがドラマと見事に結び付きます。「Thank You, Mom」のメッセージが、P＆G製品を使って家事をするすべてのお母さんへの共感と感謝へとつながります。つまり、最後にP＆Gが出てくることによって、「物語」は動画の中で描かれるアスリート一家の物語から、家事をして子どもを育てるすべての母親の物語へと、より普遍的なものとなっていくのです。

それを可能にしているのは、私たちの頭の中に、すでにP＆Gにまつわる「物語」がマウントされているからです。P＆Gが何をつくって売っている会社なのか、P＆Gの商品を使って自分の母親が何をしてきてくれたのか、そういった記憶と体験の積み重ねが多くの人にあります。だから、ロゴが出た瞬間に、一気にコンテンツのドラマとP＆Gにまつわる物語が結び付きます。すでに知られている記憶が積み重ねられているブランドだからこそ生まれる効果です。

同時期にとても話題になった動画で「World' s Toughest Job」という動画がありました。この動画はこんな内容です。

いろいろな人が就職のための面接を受けている。面接官から提示される仕事の内容がとにかくハード。

「とても重要な仕事で、しかもほとんどの時間を立って仕事をします」「週に135時間か、それ以上働きます」「休憩時間はありません」「ランチはすべての同僚が食べ終わった後です」「常に注意を払い、時には同僚と徹夜ということも」「感謝祭、クリスマス、正月などにはもっと仕事が増えます」。

そしてとどめにこう言われる。

「あなたがこの役職で得られる給料は0です」。

参加者は口々に「ありえない」「非人道的よ」と言って、信じられない表情をする。そこで面接官が種明かしをする。

「今、現在もこの仕事に就いている人が全世界で数十億人います。お母さんです。」

人々の態度ががらっと変わる。「母さんを思い出したよ」「お母さんありがとう」などと口々に母への感謝の言葉を述べ、涙する。

オチが非常にきれいで、とても感動的な動画です。当時、話題になったので、これもご存知の方も多いかと思います。ところで、これがどんな企業の映像だったか、覚えているでしょうか?

私は忘れていました。今回、この原稿を書くにあたって確認しましたが、これは「American Greetings」というグリーティングカードの会社がつくったWeb動画でした。少なくとも、このブランドのことをまったく知らなかった私に対しては、「感動的な動画コンテンツ」としての働きしかしませんでした。グリーティングカードを書こうという気持ちにも、「American Greetings」というブランドはよいブランドだなという印象にもつながりませんでした。そして、こうして今回のように本を書く機会でもない限り、それはずっとその状態のままだったはずです。

つまり、私に対してこの動画は「American Greetings」の広告・マーケティング上の効果は一切なかったということです。

個人的には「母への感謝」をテーマにした動画として、「Thank You, Mom」と「World's Toughest Job」は個人的には甲乙つけがたい、どちらも素晴らしい動画でした。しかし、広告・マーケティングの手段としての有効性には大きな差が生まれています。（注：「World's Toughest Job」は主に本国アメリカ向けに行ったもので、アメリカではよく知られたブランドなのかもしれません。これはあくまで、日本で生活している〝私〟に対して発生した「効果」の比較論です。）

繰り返しになりますが、いかに素晴らしいコンテンツをつくったとしても、そしてそれが多くの人に触れられたとしても、そこにブランドの物語が組み込まれていなければ、効果はまったくありません。ゼロに何を掛けても永久にゼロです。かといって、これまで述べてきたようにブランドの勝手な一人語りも意味がありません。顧客と社会とブランド、この3つを射抜く物語を目指す。ここから安易に逃れることはできないのです。もちろん、それを一つのコンテンツですべて解決できなくてもよいのです。いまやブランドと顧客の接点は数限りなく存在します。利用することのできるすべての接点や、それまでのブランドの蓄積された記憶など、顧客の知覚に影響を与え得るすべての要素を検討した上で、その時点において取るべきアクションを組み合せていくべきです。

たとえば、すでに知られていて顧客の側に使用体験が蓄積されているブランドと、初めて世に出るブランドでは、やるべきことはまるで異なります。概して言えば、商品そのものの具体性から離れて、より本質的、普遍的、観念的な価値を訴求するようなアプローチは、認知が低く、イメージ基盤を有していないブランドには適していません（そのブランドが明確に圧倒的な独自性や新規性を持っている場合は別ですが）。カンヌライオンズなどで高い評価を受けるような普遍的で大きなメッセージを発するコンテンツの多くが、グローバルのメガブランドの作品です。当然、そういうブランドであれば、制作予算が大きかったり優秀なクリエイティブチームをアサインできたり、といった前提条件が揃っていることもありますが、もう一方で、すでに認知やイメージ基盤を有している点も非常に重要です。その基盤があるからこそ、直接的に商品のことを言及しない普遍的な内容であっても、そのブランドだからこそできる〝掛け算〟が発生するのです。

ブランドの中にある「物語」を見出すこと。このことの重要性が今後一層増していくことになると思います。増大する情報量、断片化する接点、といった伝わりにくい環境へとシフトしていく中で、ブランドの「物語」が縦糸として通っていないと、どんなに魅力的で意義のあるコンテンツをつくったとしても、それは組み上がることなく消え去っていくだけです。そのブランドが持つ価値とは何なのか？　そのブランドが持つ意味とは何なのか？　そのブランドだからこそできること、言えることとは何なのか？　これらの問いを投げかけることは、物語を構築するプロセスの中で絶対に欠かせません。しかし、これは何も今に始まった話ではなく、はるか昔から言われてきたことです。

グローバル広告会社ＤＤＢの創業者の一人であり伝説のクリエイター、ウィリアム・バーンバックの有名な言葉で「魔法は商品の中にある」というものがあります。バーンバックのＤＤＢはフォルクスワーゲンの「Think small.」「Lemon.」、エイビスレンタカーの「Avis is only No.2」といった歴史に残る数々の革新的な広告を世に送り出しました。お手盛りの虚飾によって飾り立てるのではなく、商品の持つ本質的な事実を起点として、卓越したクリエイティビティでその商品そのものを、顧客にとって社会にとって、「それでなければならない」ものとする「物語」を構築する。ＤＤＢ流のクリエイティブの特長の一つはそのような点にあると思います。

ＤＤＢが「Think small.」の広告を展開したのは１９５９年。第二次世界大戦からまだ15年経っていない頃です。敗戦国ドイツからの輸入自動車であるフォルクスワーゲンは、第二次世界大戦後のアメリカにおいて苦戦を強いられていました。この時代はまさにアメリカの自動車産業の黄金期。大きくて、派手で、ハイパワーな自動車がデトロイトでつくられ人気を博していました。その象徴が、「テールフィン」と呼ばれる垂直尾翼のような装飾。空力的な意味はほとんどなかったそうですが、巨大なクルマを一層とスペーシーでゴージャスなものに見せるためだけに付けられました。テールフィンは大流行し、実用性はまるでないのに、各社が競い合うようにして次第に巨大なものになっていきました。

それとは対照的に、フォルクスワーゲンの代表車・ビートルは、小さくて丸い、こぢんまりとしたクルマです。終戦後の好景気に沸き立ち、アメリカ史上最も華やかで「大きいことはいいことだ」が当たり前な時代（翌年のアカデミー賞で史上最多11部門を受賞したのが、超大作『ベン・ハー』でした）において、ＤＤＢはアメリカの「大きいことはいいことだ」思想に対する〝批判〟としての広告を行いました。

「―小さいことが理想。(Think small.)

きっちりつめたら、ニューヨーク大学の18人の学生がサン・ルーフVWに乗れました。フォルクスワーゲンは、家庭向きに考えて大きさが決められています。おかあさん、おとうさん、それに育ちざかりのこども3人というのが、この車にふさわしい定員です。

エコノミー・ランで、VWはリッターあたり平均21km強の記録を出しました。あなたには、ちょっと無理な数字です。プロのドライバーは商売上のすてきな秘けつを持っているんですから(お知りになりたい? ではVWBox #65 Englewood, N.J.へお手紙を下さい)。ガソリンはレギュラー、また、オイルのことは次の交換時期までお忘れください。VWは在来の車より全長が4フィート短くできています(とはいっても、レッグ・ルームは同じくらいあります)。ほかの車が混雑したところをぐるぐると巡っている間に、あなたはほんの狭い場所にも駐車できるんです。

VWのスペア部品は格安です。新しいフロント・フェンダーは(VW特約店で)21・75ドル、シリンダー・ヘッドは19・95ドル、品質がよいのでめったに必要とはしませんが。

新しいフォルクスワーゲン・セダンは1565ドル、ラジオ、サイド・ビュー・ミラーのほか、あなたがほんとうに必要なものは全部ついています。
1959年には12万人の米国人が、小ささを考えてVWを買いました。ここのところを考えてみて下さい。」（西尾忠久『クルマの広告』P188）

徹底してフォルクスワーゲンに関するファクトが積み上げられています。ここには美しい形容や比喩は一切なく、冷徹なまでに事実のみが語られています。そして、ここで述べられる「燃費のよさ」「メンテナンスのしやすさ」「見た目に反する積載量の多さ」「価格の安さ」「すでに進んでいる人たち（12万人）がビートルを買っている」という事実そのものが、「燃費が悪くて」「故障しやすくて」「大きさの割にはモノが乗らなくて」「価格の高い」アメリカ車への痛烈な批判となっています。そして同時に、そのようなアメリカ車を賞賛し浮かれているアメリカ社会への批判にもなっています。

この「批判性」をまとうことで、フォルクスワーゲンを選ぶ顧客にとって、単に性能がよくコスパのよいクルマを選ぶということ以上の意味が生まれます。フォルクスワーゲンを選ぶことは、虚飾に惑わされず、本質を見極めて賢い選択ができる人間であることの証となるのです。そういう人間でありたいという願望は、「大きいことはいいこと」なアメリカ文化への疑問と共に、主に都市部の中流層の間で芽生えていたものでした。

『広告批評』の天野祐吉氏は30年以上前に、次のようなことを言っています。

「ぼく自身は、むかしからバカの一つ覚えのように、広告表現は「モノに即く」ことが大切だと言い続けてきた。その場合の「モノ」とは、物質としての商品ではなく、「商品とそこに映り込んでいる同時代」といった意味合いであり「モノばなれ」は物質としての商品から離れることであって、それも「モノに即く」ための一つの方法であると理解してきた。商品にべったり従属していては広告は広告にならないし、かといって商品を触媒にしない限り広告は広告にならないという考え方である。

そんな考え方から言えば、広告は「広告性を排除することで面白くなる」という意見くらい、バカげたものはない。いまでもときおり、そんなバカげた意見を耳にすることがあるけれど、広告は「広告であることによって面白くなる」ものだし、そこに広告ならではの面白い表現ジャンルがあるのだとぼくは考えている。」（天野祐吉『広告の言葉「キーワード」』電通１９８５、P

40） くどいようですが、ブランドが不可欠なものとして介在しない物語は、広告として機能しません。表現としての面白さがどんなに際立っていても、そのブランドへと結び付かなければ、一つの物語として記憶されることはありません。涙を流すほど感動しようとも、腹を抱えて笑おうとも、その時に感じた感情や共感が、そのブランドに触れた時（店頭で見た時、街で見た時、実際に使う時など）に頭の中で「物語」として〝再生〟されないのであれば、脳内の膨大な情報の中でそれぞれバラバラに埋没していくだけなのです。

4. 物語のつくり方

この第1章の最後に、これまで述べてきた「物語」という観点から、我々が実際にかかわった4つの事例を紹介していきます。カテゴリーも課題もそれぞれまったく異なりますが、前節で述べてきたような「3つの視点」から物語を構築し、実施策として行ってきたものです。

Cainz「Live Green」

最初に紹介するのは、2014年にホームセンターのカインズで行った、ポップアップストアプロジェクトの事例です。

ポップアップストアは、ブランドの「物語」を文字通り「体験」してもらう手法として注目を集めてきています。第2章でもポップアップストアについては触れますが、物理的な空間の中で五感を通して体験することができ、また、その存在そのものがコンテンツとして二次接触してもらいやすい点も含めて、今後非常に重要なマーケティング施策になっていくのではないかと考えています。

カインズが表参道に店を出す!?

ホームセンター大手のカインズは近年、自社ブランド商品（Private Brand）を多く展開しています。DIY用品を中心として、デザイン性の高い（数々のデザイン賞を受賞しています）PB製品が数多くあるのが特長です。

ホームセンターは業態の性質上、都心部よりも郊外・地方の店舗が多いです。ホームセンターで販売されている商品は、DIY系のものなどまさにそうですが、大きくて重たいものです。クルマで来て運ぶことが中心になりますし、そもそも商品を置くスペースも非常に広くないとなりません。土地代が高くて、電車移動の多い都心には適しません。カインズの店舗もやはり、都心部にはあまりありません。

そのカインズが期間限定で東京の表参道に店を出すことになりました。私はこのプロジェクトには途中からの参加で、私が参加した時には、「表参道に店を出す」ということが決まった後でした。目的は、都心部におけるカインズの認知向上とイメージの向上。そして、そのことをニュースとして、既存店舗の顧客に対してもカインズのイメージを向上させたい。特に、現在につながるPB展開が本格化し始めた時期だったので、ブランドとしての品質やデザインのイメージを向上させたいというのが主な目的でした。

「表参道」は東京でも最もオシャレなエリアです。ポップアップストアを出店した建物は、明治神宮から青山方面に伸びる「表参道」のまさにど真ん中にありました。同じ通りに並ぶ店舗は、ルイ・ヴィトン、シャネル、グッチ、アップルといったいわゆる「ブランド・ショップ」です。「表参道」にやって来る人たちは、新しい情報を求め、センスあふれるさまざまなものに触れる高揚感を求めています。

このような環境下に、ホームセンター・カインズの店をつくる。正直、ギャップは結構あります。カインズの普段の店舗の内容をそのまま持ってきてしまっては、なかなかこの街にはマッチしない。とはいえ、逆にこの街にマッチすることを優先し過ぎて、カインズと関係のないオシャレな店をつくっても、それはそれで意味がない。普段着過ぎてもいけないし、よそ行き服を着るのもいけないという難しさがあると思いました。

ブランドの視点 — 意識の上での競合

このポップアップストアプロジェクトの背景には、カインズのPB戦略がありました。PBというと昔は「安かろう悪かろう」のイメージもありましたが、それは遠い過去の話で、大手の流通企業はいずれも優れたPB商品を展開し、それによって差別化を図るようになってきました。しかし、どこもPBをやるようになると、単にPBをやっているだけでは差がつかなくなってきます。

カインズのPBはデザインに非常にこだわっています。今、カインズの店頭やサイトを見てみればわかりますが、非常にデザイン性の高いＰＢ商品が多くあります。しかし、このプロジェクトを企画していた当時は、まだＰＢ商品のラインナップが今ほど出揃う前でした。したがって、ＰＢ商品そのものを陳列して、そのデザイン性をニュースとする展開は難しいものがありました。

そして、もう一つ考えたのは、こうしてデザイン性の高いＰＢ路線を進んでいくと、無印良品やＩＫＥＡといったライフスタイル提案型のＳＰＡ（製造小売業）との競合関係もいつか生じてきます。無印良品やＩＫＥＡは、まさにそのデザイン自体がアイデンティティとなっているようなブランドです。無印良品であれば、徹底的にシンプルを極め、その名の通り「無」をコンセプトにしたデザインが最大の特長です。ＩＫＥＡも独自のデザイン哲学に基づいた高いデザイン性の家具を安価で販売することで、世界的なブランドになってきた歴史があります。また、この表参道の店舗に来店するであろう都心の人々にとっては、カインズよりも無印良品やＩＫＥＡのほうがずっと馴染みのあるブランドです。そういった観点からも、単に「デザインがよい」のではなく、無印良品やＩＫＥＡにはない「カインズらしさ」を追求する必要がありました。

このプロジェクトを企画している時点では、「デザイン性の高いＰＢ」というカインズらしさはまだ萌芽し始めたばかりの時期だったので、その中で他のホームセンターだけでなく無印良品やＩＫＥＡともどう差別化するかという点を課題としました。

社会の視点 ― 消費からの脱却

カインズならではの価値とは何か、それをより明確に示すにはどのような視座を持つべきかを、原点に戻って考えてみました。

カインズで販売されている商品は非常に多品種ですが、大きな特長はＤＩＹ系の商品が多く販売されているという点です。ＤＩＹ商品とそうでない商品の大きな違いは、ＤＩＹ商品はそれを購入した段階では、まだ生活の中で「消費」できるものではないという点です。ネジ、ドリル、板、柱、釘、土、種、鉢、そういったものは買った時点で「消費」できるものではなく、買った時点で始まるのは「つくる」や「育てる」という行為です。

このような「消費できない」という「ＤＩＹ」の特性を軸に、カインズの提供価値を定義できないかと考えました。

「消費者」という言葉があります。お金を払って得たモノやコトを「消費」する人。よくよく考えてみると、ちょっとイヤな言葉です。お金を払っていろんなものを食い尽くしていく人のようにも思えます。そのような「消費者」としての自己のあり方に対する違和感や、そこからの脱却を目指すような動きが当時、さまざまな面で現れ始めていました。

代表的なのが『Kinfolk』のヒットを嚆矢とするポートランドブームです。2011年にオレゴン州ポートランドで生まれたライフスタイル誌である『Kinfolk』は「代官山蔦屋書店で一番売れる洋雑誌」として話題になり、2013年には日本版も発売されました。Kinfolkとは家族や親しい人々という意味で、サブタイトルは「A Guide For Small Gatherings（小さな集まりのためのガイド）」となっています。食を中心に自然を活かした、自分たちの手でつくった集まりの場。非常に上質な写真が上質な紙に印刷された誌面は、雑誌というより写真集のようです。ここでは高価な「ブランドモノ」はまったく登場しません。あれを買え、これを買えと言われることもありません。ただただそこで暮らす日々のさまざまなことを、自分たちのこだわりをもって、自分の手でつくっていく人々の暮らしが表現されています。

このあたりの「消費」をめぐる価値観の変化に関しては、菅付雅信氏の著書『物欲なき世界』で非常に多くの現象が分析されています。その本の最後に、主題である「物欲なき世界」がどのようなものになっていくのかを、菅付氏は次のように述べています。

「ここで『消費が意味を持たなくなる』であろう、来るべき『物欲なき世界』の概要をまとめてみよう。まず私たちの日常を取り巻く日用品／コモディティは、グローバリゼーションの中でますます低価格化するだろう。一方で高級ブランドは意図的にさらに高級化し、一部の富裕層を除いて人々はそれに対する憧れや渇望を失い、または時代遅れと見なすようになる。またオーダーメイドやハンドメイドはより普及するだろうが、それらは属人性が強すぎるゆえにその人のブランディングにはあまりならない。そうなると、自分が買うモノがその人を雄弁に語ることが少なくなる。日用品以外の、憧れのある、夢のある消費というものが急激に減る時代で、人々は自分の欲望の再確認を迫られるだろう。

一方で『私（私たち）が欲しいものは、私（私たち）が作る』という考えは、メイカームーブメントの恩恵もあり、ますます定着するだろう。欲しいものは、自ら関わる、作る、交換する。受動的消費から、主体的かつ参加的消費／生産が奨励されるだろう。」（菅付雅信『物欲なき世界』P241）

こういった、「消費」をめぐる「大きな価値観の変化」というフィルターを通して「カインズ」

というブランドを見つめてみると、新たな側面が見えてくる気がしました。

■顧客の視点――カインズ＝参加的消費／生産の象徴に

カインズは「消費へのアンチテーゼ」に成り得る。カインズにあって、無印良品やＩＫＥＡにない強みとは、ここではないかと思いました。カインズを単なる「ＤＩＹ用品販売」ではなく、受動的な消費から脱却し、「つくり、育てる」参加的消費／生産をする生き方を提供するブランドと捉えることができます（この「受動から能動／参加へ」というシフトは、これまで述べてきたさまざまな箇所で登場します。マーケティングのモデルもメディアコミュニケーションも、消費の価値観も、すべて同じ動きをしています）。このポップアップストアを訪れる顧客が、カインズというブランドを生き方の象徴として捉えられる体験の場とすることを目指しました。

ポップアップストアに並べる商品は、ＤＩＹ、特にガーデニング系のものを多く選択しました。暮らしの中で「育てる」行為のガーデニング系商品が充実している、カインズの品揃えにおける強みを発揮すること。もう一つ非常に重要だったのが、カインズのブランドカラーとの関連性でした。カインズのグリーンと植物のグリーンの関連性をつくり、そしてそこに「参加的消費／生産」という生き方の意味を含ませるのです。

■Cainz Live Green Store

ポップアップストアのコンセプトは「Live Green」としました。「Green Life Style」のような言い方ではなく「Live Green」という言い方にこだわったのは、ライフスタイルを消費するのではなく、自ら選択する生き方という能動的な意味合いを表現したかったからです。ＤＩＹ商品の購入は、完成品を購入して生活に組み合わせていくのとは根本的に異なり、「つくり、育む」という生き方の始まりであることを意味させたかったからです。

「Green」は言うまでもなく植物、自然の象徴であり、店で販売するガーデニング商品の色でもあります。そして、カインズのブランドカラーでもあります。「Green」という色は、エコロジーや「つくり、育む」という生き方を象徴する重要な色です。これを取り込み、ブランドカラーを重ね合わせることによって、意味による差別化を狙いました。店舗のエントランス、Ｗｅｂサイトのトップには次のようなステートメントコピーを掲出しました。

Live Green

21世紀を生きる私たちにとって、
ほんとうに豊かな暮らしとは、
消費するだけの暮らしではない。
カインズはそう考えます。
使うだけ、消費するだけでなく、
暮らしにまつわる色々なことを、
自分達の手をかけて、作り、育てていく。
そのことから学び、活力をもらい、
日々を大切にかさねていく。
カインズが提案するのは、
人と、植物と、動物と、
共に育み、共に生きる。
そんなこれからの時代の豊かな生き方です。

これがいわば、Cainz Live Green Storeの「物語」です。受け身で非生産的な「消費」から脱却して、真の豊かさを求めて、「つくり、育む」ことを始めていく。その過程は、生活に必要なもの、欲望するものを得るということだけでなく、その中から「つくり、育む」ことをしなければ得られない、経験や学びを得ることも目的とされています。金銭によって欲しいものを欲しいだけ得るような豊かさではなく、自らの手でつくって、育てていく豊かさ。そんな呼びかけを、世界有数の「消費の地」である表参道のど真ん中で行う。そこに意義があると考えました。

建物の外壁にはブランドカラーのグリーンのペイントの代わりに、植物を配し、葉っぱの隙間からカインズのロゴが姿を見せるようにしました。木製の立方体のプランターで構成された壁面は、デザイン的な整理と植物の生命力が同居したコンセプトに相応しいものになりました。内部では、「ベランダ」「リビング」「キッチン」の3シーンをテーマにした商品の展示即売を行い、DIYワークショップなども行いました。

このポップアップストアでは、あまり広くない店舗に5日間で5000人以上が来店し、ニュースも多方面で報道されました。店舗は常に人であふれ、訪れた方々からの反応もとてもよく、展示販売の商品もよく売れました。植物を効果的に配した商品ディスプレイは非常に美しく、どの

Cainz Live Green Store 公式HP（左）、店舗外観（右上）、店舗内部（右下）

商品も魅力的に見えていました。ガーデニング用品を購入しようとして商品を手に取ったお客さんが、値段を聞いて「一桁間違ってない？」と不思議がったそうです。カインズの優れた製品と店舗のコンセプトがうまく高め合った結果だと思います。

単なる「消費」としての「ライフスタイル」を売るのではない。自らの手で生活をつくっていくという「意思」「生き方」を売る。そう位置付けることによって、ＩＫＥＡや無印良品といった生活雑貨・家具を販売するブランドとの明確な差別化を行う。そして、カインズのブランドカラーの「グリーン」に特別な意味を持たせる。そんな狙いを込めて行った活動でした。

「Live Green」のコンセプトは、今も一部のカインズ店舗のガーデニング用品売場のコンセプトやネーミングとして用いられています。個人的に、この仕事を行って一番嬉しく思い、最大の成果ではないかと思っているのは、ポップアップストアの販売サポートに来たカインズの店員さんが、壁面に掲出されたステートメントコピーを見ておっしゃった「私たちの仕事が何のためにあるのか、わかった気がしました」という言葉でした。

ロッテガーナミルクチョコレート「山ガーナ」

次は、2013年に行ったロッテガーナミルクチョコレートの「山ガーナ」という活動についてです。ロッテガーナミルクチョコレートは、1964年に発売された誰もが知っているロングセラーブランドです。そんなロングセラーブランドと顧客の間に新たな関係をつくり出すことを目指しました。

■ブランドの視点 ―「キモチ　シェアする、赤いチョコ。」はどこでシェアされるべきか?

当時、ガーナミルクチョコレートは、「キモチ　シェアする、赤いチョコ。」というスローガンを掲げてマーケティング活動を行っていました。「バレンタイン」や「母の日」など、愛情や感謝の気持ちを込めてチョコレートを誰かとシェアする。従来からあった「バレンタイン」という機会、そしてカーネーションの色になぞらえて近年開拓してきた「母の日」という機会は定着したものの、それに続く機会の創出は常に課題になっていました。

また、もう一つの課題が、コモディティ化の問題です。発売から50年を数えるガーナミルクチョコレートは定番ではあるものの、明治ミルクチョコレートなどの競合商品と比較して、なかなか突出した違いは見出しにくい。しかし、定番商品であるが故に商品としての中身を大きく変えることもまた難しい、といった状況がありました。我々がまず考えたのは、いったいガーナミルクチョコレートは「いつ、どこで、シェアされるべきなのか?」ということでした。

山ガーナ

SNSが発達した今日、「気持ちをシェアする」ことはスマートフォンから手軽にできることのような気もします。言葉でも、画像でも、映像でも。特定の人に対してでも、不特定の人々に対してでも。何でもできます。そして、私たちの日々の生活の時間の多くはスマートフォンの画面を眺めて過ぎていっています。電車に乗っていて、スマートフォンを見ていない人を探すのが難しいくらいです。夜眠る時、一人で外食をする時、スマートフォンを見ている人も多いです。スマートフォンを介した情報のやりとりを1日の中の多くの時間で行っています。SNSを介した人との交流も、そういった行為のうちの一つとなっています。

しかし、チョコレートそのものはデータ化できません。この甘くておいしい食べ物が「シェア」されるべきなのは、現実空間においてであると考えました。では、どんな場面がよいのか？　チョコレートが「気持ち」を最も多く運べるような「場面」。言い換えれば、チョコレートが最も「ありがたみ」のある「場面」はどこか？　それは「山」ではないかと考えました。

当時、登山が大変なブームになっていました。現在ではすっかり定着して当たり前のようになってしまいましたが、当時は登山がまだ新たな流行として捉えられている頃でした。「山」に目を付けたのは、ブームになっていたからということもありましたが、何より「チョコレートで気持ちをシェアする」場面として非常に優れていたからです。

都会の騒々しさから抜け出して、大自然の中、山を登っていく。険しい斜面を登る登山は時に過酷です。体力が急速に消耗していきます。高い山ともなれば、夏でも気温がかなり下がります。

身体は疲労し、気温も低下する。厳しい環境下では不安な気持ちも生まれます。しかし、不安な時こそ、まわりの人々とのつながりも生まれます。そして、そんな場面で差し出されるチョコレート。これは普段の環境とは比較にならないくらい、強いつながりを生み出すはずです。

もともと、登山時には普段より激しくカロリーを消費するため、定期的にエネルギーを摂取するための「行動食」というものが必要とされます。チョコレートは高カロリーで、コンパクトでおいしい食品として、行動食の定番アイテムでもありました。そういった観点からもマッチしていました。そんな気付きを起点に企画は進んでいきました。

「山で気持ちをシェアするチョコレート」というテーマはアリだと思いましたが、これだけではもう一つの問題はクリアできません。基本的にどんなチョコレートでも当てはまってしまうからです。たしかに単にカロリー摂取のための手段としてなら、どんなチョコレートでも大丈夫です。では、どうしたらよいのか？

先ほども述べたように、当時、登山がブームになっていました。そのブームを牽引したのが若い女性たちでした。それまでどちらかというと、シニアの方や男性がするイメージの強かった登山でしたが、この頃から、カラフルな登山ウェアを身にまとった女性登山者が増えていました。

彼女たちはこう呼ばれていました。「山ガール」と。
「山ガール。」「山ガール？」「山ガーナ⁉」。ダジャレです。しかし、これほど強力な差別化もなかなかないです。このブランド名でなければできないネーミングです。そして、「山」と「ガーナ」という、一番言いたいことがまったく無駄なく同居している。このダジャレネーミングが伝われば、山とガーナは分かち難く結び付いたものとして認識されるはずです。

■社会の視点ー初心者の富士登山

当初、「山ガーナ」は、オリジナル登山関連グッズなどをプレゼントするキャンペーンとして企画していました。しかし、単にダジャレネーミングを付けてプレゼントキャンペーンをやっても、それだけではなかなか話題になりません。ということで、タイトルとコンセプトはよしとされたものの、具体的な活動内容がなかなか決まらないでいました。

そんな最中、あるニュースが飛び込んできました。「富士山世界遺産登録決定」。日本一の山・富士山が世界遺産登録されるというビッグニュース。もともと、日本最高峰でありながら登山客の多い富士山でしたが、これでさらに多くの登山客が増えることが予想されました。我々は「山ガーナ」を何とかこの「富士山世界遺産登録」と絡めた企画にできないか?と考え始めました。

「山ガーナ」を「富士登山」と絡めた企画にしていく中で、起点としたのは「行動食」というそもそもの出発点でした。登山時のエネルギー補給としてのチョコレート、それは富士山のような長時間を要する高い山になれば欠かすことのできないものです。企画をするにあたって、富士登山のことを調べていくと、この世界遺産登録によって懸念されていることが見えてきました。それは、登山初心者による事故の増加です。

富士山が登山者のために開山されているのは、7月から9月上旬まで。その期間に毎年約30万人の登山者がやって来ます。その中に、登山初心者の割合が多いのも富士山の特徴です。この年は世界遺産登録されたことに伴い、初心者がより一層増えることが予想されました。登山に関する知識と経験の乏しい初心者は、事故に巻き込まれる可能性が経験者よりも当然高いです。富士山に関係するさまざまな方々が、そのことを心配していることがわかってきました。

そこで、我々は2つのことを行おうと考えました。一つは「富士登山用　山ガーナアプリ」をつくること、もう一つは「富士山でガーナミルクチョコレート」を配布することでした。

「富士登山用　山ガーナアプリ」は富士山登山時に消費したカロリーを計算して、一定以上のカロリーを消費すると、チョコレートを食べるようにアラートを鳴らしてくれるアプリとして企画しました。自分の身体がどれくらいカロリーを消費しているのか、なかなかわかりません。急な勾配を登っていく登山は、平地で歩いている時とは比べものにならないくらい急速にカロリーを消費していきます。それに気づかずに登り続けると非常に危険です。このアプリはそのような事態を未然に防ぎ、チョコレートを食べる適切なタイミングを知らせるためのものでした。

もう一つは、登山時に食べるためのガーナミルクチョコレートを富士山で配布することです。登山初心者は必ずしも十分な行動食を携帯しているとは限らないので、一番手っ取り早いのは行動食としてチョコレートを配布してしまうことです。私たちは富士山吉田口登山道の6合目にチョコレートを配布するスペースを確保して、「山ガーナ　ステーション」としてチョコレートの配布を行いました。

これらを行うために、実に多くの富士山関係者の方々にご協力をいただきました。富士登山用アプリをつくるといっても、我々には富士登山時の消費カロリーを計算するための知識はありませんでした。藁にもすがる思いで、インターネットで探した登山医学の著名な先生のところへ押し掛けたところ、快く協力を申し出てくれました。先生の設計された計算式によってこのアプリはつくられ、正確なカロリー計算が可能になりました。

チョコレートの配布も、通常であれば富士山は商業目的での利用はほとんどできない場所であり、普通ではできないことです。しかし、この「登山初心者の事故対策」という共通の想いの下で、山岳ガイドの方々の協力をいただくことができました。「山ガーナ　ステーション」ではチョコレートの配布と共に、事故防止へ向けた案内をガイドさんたちから直接行い、より意味のある活動となりました。

■顧客の視点―人生最高のチョコレート体験

富士山6合目の「山ガーナ　ステーション」での光景は、ちょっと信じられないようなものでした。誰もが知っている、どこでも売っている、何度も食べたことがあるはずの普通のチョコレートを食べて、「ガーナ最高！」「一生ガーナしか食べません！」などと歓喜の声があがっている。そして、「山ガーナ！」と叫んで記念撮影をしています。

「山ガーナ　ステーション」が置かれた6合目は、5合目（ここまでは車で行けます）から登り始めて約1時間でたどり着く場所です。それほど険しくはない道のりですが、ちょうど不慣れな登山の緊張感がほぐれ、その代わりに疲れが出てくるタイミング。しかも、先に目をやれば7合目にかけて勾配のきつい岩場の道が見えてきます。不安が登山初心者を襲います。

富士登山という特別なイベントの最中に現れた、おなじみのブランドによる嬉しい役立つサプライズ。体験されたみなさんにとっては、おそらく一生ものの体験になったのだと思います。

肉体的に疲労し、精神的に消耗し、気温が低下しつつある環境下で食べるチョコレート。それは、普段おやつで食べるチョコレートとは異なる特別な味わいがあります。全身がチョコレートを求めている状態です。「山ガーナ」は、いわば、「富士山」を使って「最高のガーナ体験」をつくり出したとも言えます。

味覚は絶対的なものではありません。食べる時、飲む時のコンディションによって、同じものでも印象はまったく異なります。「コンディション」には気温や環境だけでなく、身体の状態、精神状態、ブランドに対する認識・知覚が大きく影響します。広告・マーケティングの目的の一つは、そういった商品・サービスを使用する際に総合的に「よいコンディション」を提供することにあると思います。そして、よいコンディションで商品・サービスを使用した「よい体験」は、使用した人にとって忘れ難い記憶となって、再び購入・使用をしたくなったり、再使用時により

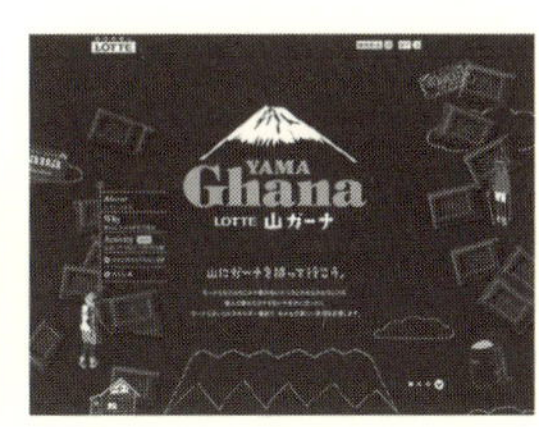

山ガーナステーション（左）、キャンペーンHP（中央）、山ガーナアプリ（右）

高い満足を与えてくれたりします。

ガーナミルクチョコレートは、ロングセラーの誰もが知っているスタンダードなチョコレートです。６合目でガーナチョコレートを食べた人をその後追跡したわけではありませんが、期待も込めて言えば、そんなスタンダードなチョコレートを食べる度に「特別なおいしさ」を味わうことができたのではないでしょうか。

■そして、全国の山へ

「ブランド・エクイティ」で有名なデービット・A・アーカー氏は、今日のブランディングにおいて「Shared Interest」が重要であると述べています。

「もはや企業が一方的にブランド価値を提供し、メッセージやイメージを管理する時代ではない。

（中略）

ブランドが顧客と関係を築くことは重要になっている。そしてブランドコミュニティ戦略は今日的なテーマだ。しかし現実はといえば、すべての企業が成功しているわけではなく、参加者の求心力や関係性を維持し、ブランド価値を生み出す仕組みづくりが今、求められている。

（中略）

ブランドが生活者と共有できる関心テーマ（Shared Interest）を見つけ、それを軸にしたブランド構築プログラムを設計し、参加者のつながり（コネクション）を強化することが何よりも重要になるだろう。」（ダイヤモンド・オンライン【デービッド・A・アーカー氏×小西圭介氏対談】http://diamond.jp/articles/-/31532）

アーカー氏が言う通り、「伝えるのが難しいけど、もっと好きになってほしい」時代において、顧客と共有できる「Shared Interest」を持つことは非常に重要です。たとえば、スターバックスやアップル、無印良品といったブランドは成功している例と言えそうです。しかし、成功しているのは顧客とのリアル接点を豊富に持っていたり、関与度が高いカテゴリーのブランドであるケースが多いです。ガーナミルクチョコレートのような関与度が低く、一般流通を介して販売している商品にとって、顧客と共有できる「Shared Interest」をつくることは容易ではありません。

「山ガーナ」のケースでは、「登山」というすでに存在しているInterestやコミュニティに着眼し、この「登山」という行為の中に「ガーナミルクチョコレートだからこそできること」を発見し、具現化していきました。それは「登山者」というコミュニティにつながり、当初は想定していなかった広がりも生まれていきました。

初年度の活動の後に、「山ガーナ」活動に共感してくださった登山関連の団体などからお声がかかり、活動は全国に広がっていきました。全国の山岳ガイドさんに配布用のガーナミルクチョコレートが託され、登山客のみなさんの行動食として配布されていきました。そして、ガイドさんたちからたくさんの「山ガーナ！」の記念写真が届きました。「山ガーナ」の掛け声は全国の山々へと広がっていったのでした。

ピジョン「ビングル」――ママを解放するベビーカー

次に紹介するのは、ベビー用品会社・ピジョンから2017年に発売されたベビーカー「ビングル」の事例です。

■市場背景

ベビーカーには大きく分けてA型とB型の2種類の規格があります。A型ベビーカーはフラットにリクライニングする仕様のもので、生後1カ月から使用できるものです。対してB型は生後7カ月から使用できるもので、A型に比べてあまりリクライニングしません。

A型はより小さい赤ちゃんを想定してつくられているので、クッション性や保護性を高めて設計されます。また、常に赤ちゃんを見ながら押せる「対面走行」ができるものも多いです。結果的にA型はB型に比べ価格も高く、重量も重くなります。B型は7カ月頃の「腰すわり」、いわゆる「おすわり」ができるようになる頃からの使用を想定しているので、A型よりもクッション性などにこだわる必要性が低く、比較的簡易なつくりになります。だから、B型はA型よりも価格も安く、重量も軽いものが多いです。

以前は、A型とB型で重量の差も結構あり、「安定性をとるならA型」「軽さをとるならB型」といったかたちで、ライフスタイルやニーズ、赤ちゃんの月齢によって選択されて棲み分けができていたのですが、ここ数年異変が起こっていました。ベビーカーメーカー各社の技術革新により、A型の中で「多機能」と「軽量性」を両立した製品が多く登場してきたのです。「対面走行」もできて「安定性」も高くて、しかもまあまあ「軽量」なA型ベビーカーの商品群は、あっという間に市場の中心となっていきました。それは同時に、B型市場の衰退を招きました。多機能&軽量のA型ベビーカーがあれば、「軽量」なだけのB型の必要性が薄れてしまったのです。

ブランドの視点―ビングルの特長

ビングルはピジョンが発売する初めてのB型ベビーカーでした。ピジョンは哺乳瓶をはじめとする赤ちゃん用品の大手メーカーで、特に哺乳瓶では圧倒的なシェアを有し、海外でも非常に成功している会社です。しかし、ベビーカーに関しては後発でした。

2014年に「多機能&軽量A型」カテゴリーに「ランフィ」というベビーカーを発表し、これがヒットします。最大の特長は、「シングルタイヤ」という車輪を採用したことです。日本のほとんどのベビーカーは、「ダブルタイヤ」と呼ばれる1カ所に2つの車輪が付くタイプのものを採用しています。「ダブルタイヤ」の最大の利点は、軽量化を図ることができることです。車輪が2つあると重くなりそうな気もしますが、2つの車輪の間にシャフトを通して、それを固定するという仕組みにすることで、比較的軽量で簡素な構造でも装着ができるため、実は軽量化に適しているのです。

「ランフィ」に採用されたシングルタイヤは、ヨーロッパのベビーカーなどではよく用いられるもので、車輪が一つであるが故に、それを固定する機構がダブルタイヤよりも複雑になり、重量が重くなりやすいものでした。その一方で、石畳の多いヨーロッパで好まれてきたことからもわかるように、凸凹道に強く、小回りが利き、走行性が非常に高いのが最大の利点となります。「ランフィ」では、日本の道路に多い車道から歩道への段差（約2cm）を十分に乗り越えられる大径（16・5cm）シングルタイヤを採用し、極めて高い走行性を実現しました。さらに、技術開発により軽量化にも成功し、シングルタイヤを採用しながらも同クラスの競合と同程度の重量も実現しました。この画期的な機能性を軸に、ランフィは発売から成功を収めました。

「ビングル」にもランフィと同様のシングルタイヤが搭載されました。これはB型としては初のことであり、シングルタイヤによってダブルタイヤの競合に比べ高い走行性を実現しました。そして、B型なので重量はランフィよりもかなり軽く、同じB型の最軽量タイプのものと遜色ない重量でした。「走行性の高いシングルタイヤが搭載された軽量のB型ベビーカー」。それがビングルの製品上の特長です。

そのような製品特性を持つビングルでしたが、最大の問題は「B型ベビーカー市場自体が衰退している」ことでした。後発の商品なので、もちろんB型市場の競合よりも優れていることが求められますが、それ以前に市場自体が衰退している。その要因は、先述した自社のランフィも含まれる「多機能&軽量」A型ベビーカーの存在です。この商品群の性能があまりに優れているため、わざわざ育児ステージによってB型に乗り換える必然性が薄れていました。新生児期にA型ベビーカーを買ったら、そのまま大きくなってベビーカーに乗らなくなるまで使用する人が増えてきたのです。結果的に、B型は顧客からも流通からもあまり期待されないカテゴリーとなってしまいました。オールマイティ化した「多機能&軽量」A型と比べて、「限られた機能でより軽量」なB型ベビーカーをあえて選ぶ理由を改めてつくる必要がありました。

■顧客の視点―「生後7ヵ月」の意味

「B型ベビーカーをあえて選ぶ理由」を考えるにあたって、注目したのはB型ベビーカーが「生後7カ月」から使用するものであるという点でした。これがこのカテゴリーの定義であり、このこと自体から「物語」を起動させることによって、B型の衰退を脱する本質的な解決に至るのではないかと考えました。

そもそも、プレママ時期から出産、産後の育児の時期と、ママたちは肉体的・精神的に非常に大きなストレスにさらされます。妊娠初期につわりが始まり、安定期に入ったら徐々にお腹が大きくなり、妊娠後期になれば日常生活にも支障が出始めます。しかも、その期間中、アルコールなどの摂取はできません。そして出産。男性には耐えられないとも言われる苦痛を経て赤ちゃんは生まれます。生まれたら今度は、出産で消耗した状態のまま毎日3時間おきに授乳し続ける生活が始まります。生まれたての赤ちゃんは小さくて、身体もふにゃふにゃしていて頼りないです。その頼りない小さな赤ちゃんを守ることに必死になります。さまざまな世話を休みなくし続ける日々が切れ目なく続きます。家族や周囲のサポートが十分得られるとも限りません。

そういった非常に神経と体力を使う生後直後の時期を過ぎて、B型ベビーカーの対象月齢である生後7カ月頃になると、発育には個人差があるので一概には言えませんが、一般的な傾向としておすわりができるようになり身体もしっかりしてきます。ハイハイを始める子もいます。そして離乳食が始まり、徐々に授乳回数が減っていきます。赤ちゃんが一度に眠れる時間も長くなってくるので、一度寝かしてしまえば、しばらく手がかからない時間も生まれます。

B型ベビーカーが使えるようになる「生後7カ月」は、このように妊娠後期から約1年に亘って続いてきた非常にハイストレスな生活が少し和らぎ始め、ちょっとずつ余裕が出始める時期と重なります。それまでは日々の行動や商品の選択において、常に「安心」が最優先される傾向が強いのですが、徐々に育児のペースもつかめてきて必要以上には「安心」にこだわらなくてもよくなってきます。生後7カ月から使うベビーカーは、そういったタイミングで使い始めるものであることがわかってきました。

■社会の視点 ― 育児がしにくい国

もう少し俯瞰して、ベビーカーやママたちを取り巻く育児に関する社会的状況を考えてみました。見えてきたものの一つは、社会制度や習慣によって、日本という国が「出産、育児がしにくい国」であるという認識です。たとえば、子育てに対する優遇制度が未整備で、働きながらの育児が困難だと言われています。また、電車などに乗る際のベビーカーの扱いについても、定期的に話題になります。そういった制度面での問題もありますし、社会通念の面での問題もあります。ピジョンの調べによると、日本のママは中国、アメリカのママと比べて非常に責任感が強く、また育児における失敗を極端に恐れる傾向があるそうです。強い責任感と制度的な支援の不足により、日本のママたちは物理的・心理的に非常に〝抑圧〟されています。

社会制度的な問題に関しては制度からの見直しが必要ですし、心理的な問題も、ある種、国民性のようなものが紐付いているので、一朝一夕には解決できない根深いものがあります。なかなか一つのベビーカーのマーケティングで解決できるような課題ではありませんが、これらの社会的背景と先ほど述べたような「育児が少し落ち着き始める生後7カ月から使える」「走行性の高いシングルタイヤが搭載された軽量のB型ベビーカー」を合わせて考えてみると、このブランドがなすべきことがだんだん見えてきました。

■GO&PLAY～抑圧から解放する「物語」

我々はビングルの「物語」を「ビングルは、ママを新生児期の『安心第一』の育児生活から解放し、ポジティブでアクティブにおでかけするためのベビーカーである」と位置付けました。

メインコピーは「ＧＯ＆ＰＬＡＹ　さあ、おでかけを遊びつくそう」としました。それまでベビーカーのコピーで、「ＰＬＡＹ」や「遊ぶ」という言葉が用いられることはあまりありませんでした。多くは機能の直接的な表現であり（「最軽量」「コンパクト」）、ベネフィット表現であっても「安心」が軸になるケースが多かったのです。しかし、ビングルの「物語」では、ママたちを〝解放〟する必要があります。「遊ぶ」という言葉には、文字通り赤ちゃんとおでかけして遊ぶという意味と、もう一つ「物事を楽しむ」という意味を込めました。

メインビジュアルには、鮮やかな色彩と特徴的な動きのある形を背景に用いて、おでかけで訪れる先に広がる自然や街の風景と、その中を気持ちよさそうに歩くママと赤ちゃんを配しました。ベビーカーのビジュアルとしては、おそらく前例のない派手な色と形の色面構成になりました。

これは「安心第一」の育児生活から解放された、アクティブなおでかけによって見えてくる「新しい景色」を表現しています。おでかけする時の心配事が少しずつ少なくなっていって、おでかけを楽しむ余裕が出てくると、行ける場所も増えますし、そもそも景色の見え方も変わってきます。そうなると太陽や空や海や木々や街並みが、それまでの約半年の間に見えていた景色とは、まるで違って見えてくるはずです。「このベビーカーなら、そんな景色を見ることができるようになる」といった想いを込めてデザインされました。ベビーカーの購入検討に際して、もちろんWebでの情報収集は盛んに行われますが、やはり赤ちゃんのためのものという性質から、実際に店頭で商品を確認されるケースが非常に多いです。店頭に置かれた実機がちゃんと目立つことと、店を離れた後に検討する際に見るリーフレットが目に付くことは重要です。そうした観点からも、このメインビジュアルのデザインは非常に有効でした。

近年勢いのないB型ベビーカーカテゴリーは、店頭においてあまりよい売場に置かれません。比較的目立ちにくい場所に置かれるケースが多く、店頭販促物もあまりたくさんは付けられません。言ってみれば、目立ちにくい場所で、非常に限られた「表現面積」しか活用できないケースが多いのです。しかし、この前例のない鮮やかな色面は、たとえ小さな面積のPOPであっても、力強く存在感をアピールしました。そして、実際にベビーカーに触れてもらえれば、その押しやすさは明らかです。

検討時に見るリーフレットやＷｅｂサイトのデザインは極力シンプルで、直感的に〝気持ちよく眺められる〟つくりにしました。それは、解放的でアクティブなおでかけのリズム感です。新生児期は、安心のために、逐一、情報を確認しておでかけしますが、ビングルはもっと気持ちよくスイスイとおでかけしてほしい。その生理的な感覚を検討時にも感じてもらうために、このようなデザインにしたのでした。特にＷｅｂサイトでは、縦にスクロールしていくと風景をデザイン化した鮮やかな背景が、パララックスで横にスクロールしていくという構造になっており、商品の情報を見ながらおでかけの気分をかもし出すことを狙ってつくりました。

そして、これまでのＢ型ベビーカーにはなかった新たな「物語」を持つベビーカーとしてビングルを位置付けたことにより、縮小傾向のＢ型カテゴリーに対して積極的でなかった販売流通各社も意義と可能性を感じて、積極的にビングルを取り扱うようになりました。ビングルは発売と同時に大きなヒットとなりました。ピジョンとしても想定以上の反応で、一時品薄状態になってしまうほどでした。「Ｂ型ベビーカー」というカテゴリー自体の期待値が下がっている中、まさに快挙と言えるヒットになりました。

この成功の起点となっているのは、まず、ビングルが非常に優れたプロダクトであったという

ビングル　メインビジュアル

こと。ビングルは2017年のグッドデザイン賞を受賞していますが、「走行性」と「軽量性」というベビーカーに最も求められる機能を高次元で両立させた点が評価されています。そして、その優れたプロダクトが提供できる価値を、顧客であるママが抱える問題やママを取り巻く社会における問題の解決につながる「ママを解放するベビーカー」という「物語」として構築し、それにのっとってさまざまな前例を乗り越えてさまざまな実践をした結果、このような成功に結び付いたのだと思います。

NHK「ONE OK ROCK 18祭」

最後にご紹介するのは、2017年1月に放送されたＮＨＫ「ＯＮＥ ＯＫ ＲＯＣＫ 18祭」です。これは「物語と体験」「Story Doing」という点に最もこだわった活動でした。

■ＮＨＫと18歳をつなげる

課題は「ＮＨＫと18歳をつなげる」こと。そのための手段を提案してほしい。この仕事の始まりは、こんなオリエンテーションでした。

２０１６年は18歳の選挙権が始まり、18歳への注目が高まった年でした。公共放送としてＮＨＫも、この世代とのつながりを持ちたいわけですが、「テレビ離れ」が最も激しい世代であり、つながりをつくることは容易ではありませんでした。そこで、解決するための手段が必要でした。

チームでいろいろと議論をしていると、『ＹＯＵ』というＮＨＫの伝説的な若者向け番組の話が出てきました（１９８２〜８７年放送）。じゃあ、そういう番組を今、つくればいいのか？いや、そもそもＮＨＫも含めてテレビを見てくれていない世代に番組をつくっても届かない。それに、「ＮＨＫ（大人）から若者に意見する」という構造自体に無理があるのではないか？　放送局であるＮＨＫですが、「放送」という最大の武器を普通に使っても有効ではない。それがこの課題の難しさでした。

社会の視点――日本の若者

企画のために、今の若者に関するさまざまなデータにあたってみました。『News Week日本版』（2015年12月）でこんな見出しの記事がありました。「世界一『チャレンジしない』日本の20代」。記事の中で、縦軸に「冒険や刺激のある生活は大切だ」、横軸に「クリエーティブであることは大切だ」という2軸をとったプロットマップが紹介されていました。

59カ国の20代へのリサーチの結果が国別にプロットされているのですが、アフリカ、南米、東南アジアの国々はどちらのスコアも非常に高く、右上のエリアに集中しています。アメリカ、ドイツなどがちょうど平均あたりになります。そして日本はどちらのスコアもはるかに低く、マップの左下にポツンと一つだけプロットされていました。つまり、日本の20代は、世界でも際立って「冒険」や「クリエーティブ」を重視していないという内容でした。

さらに、内閣府が行っている「平成25年度　我が国と諸外国の若者の意識に関する調査」というデータを見てみると、日本の若者は諸外国の若者たちと比べて、相対的に「自己肯定感・自己満足感が低い」「自分たちで変えられるという感覚がない」「うまくいくかわからないことはやらない→チャレンジを避ける」という傾向が明らかになりました。

しかし、この問題の原因は決して彼らだけにあるものではなく、複合的な要因（少子高齢化、経済の停滞、硬直化した社会など）によって起きていることであり、それは容易に解決できるものではありません。ただ、「18歳」という人々を主題としたこのプロジェクトを行う以上、この問題は看過できません。たとえ微力であっても、この状況の改善に寄与することを目指すことにしました。

顧客の視点 ― 等身大でリアル

さらに実態を探るべく実際に18歳の方々（6人）に集まっていただき、インタビューを行いました。普段の生活や将来の夢など、いろいろなことを約2時間に亘って聞きました。

普段の生活に関する話の中で特徴的だなと思ったのが、みんな「忙しい」と言っていることでした。友達がとても多くて常にSNSでつながっていて、超頻繁にやりとりをしている。複数のアカウントを使い分けて一人でいろいろな顔を使い分けている。内容はさまざまですが、とにかくそんな日常のやりとりで忙しく毎日が過ぎていく。将来の夢を聞くと、6人とも明確な夢を持っていました。教師、CA、イベントプロデューサー、美容師、カフェ経営、保育士といった夢を持ち、その夢の実現に向けての計画をしっかりしている子もいました。とても「現実的」で「等身大」だなと思いました。それは別に悪いことではありませんが、照れもあったのか、終始夢中になって話すような感じではなく、淡々と話が続いていく感じでした。

インタビューも終盤に差しかかった頃、異変が起きました。たまたまインタビュールームのテーブルに置いてあった雑誌の表紙に出ていたアーティストに一人の子が反応しました。すると、他にもこのアーティストのファンの子がいて、二人で盛り上がり始めました。だんだん会話の熱が上がってくると、他の子たちも「自分は○○が好き」と楽しそうに話し始めました。それまでの淡々とした調子とは全然違う、まさに夢中になってみんなが話し出したのです。

「自分」のことより、「好きなもの・憧れ」のことを話している時、考えている時のほうが熱くなれる。よくよく考えれば、案外そうなのかもしれないと思いました。まして、若い頃ならなおさら。それにしても、この「熱」はすごい。これをうまく活かすことはできないだろうか？　彼らの中から自発的に生まれてくるこの「熱」に煽られて、自分自身を熱くして、変わるキッカケをつくれないか？　そんなことを考え始めました。

■ブランドの視点 ― 物語を体験する「場」をつくる

自発的に彼らが「熱く」なるためにＮＨＫがすべきことは何か、それはメッセージを発することではなく、「場」を提供することではないかと考えました。ＮＨＫが「もっと熱くなりなさい」と一方的に言っても、そのメッセージは届きません。放送局としてのＮＨＫではなく、彼らに機会を提供するＮＨＫ。彼らが自発的に熱くなるための体験をする「場」を用意するＮＨＫ。そして活動の主役はＮＨＫではなく、あくまで18歳の彼ら自身とする。

ＮＨＫには、これまで番組制作などを通して培ってきたエンターテイメントやスポーツなどさまざまな分野とのネットワークや優れた制作能力があります。そんなＮＨＫが、18歳の彼らが「熱くなる」ような、彼らの「憧れ」をアサインし、夢中になれる「場」を用意する。「憧れ」と「場」を用意し、彼らが熱くなるリアルな体験が生まれれば、ＳＮＳ世代の彼らから情報となって拡散が始まり、ＮＨＫがその〝熱〟を番組として放送すれば、さらに大きな波が起こって社会に広がっていく。そうしたことを商業目的ではなく、公共のために、社会課題のために行う。それは公共放送であるＮＨＫだからこそできることです。

■物語の構造──男性神話

そうして生まれた企画が「18祭」でした。この企画を組み立てていく上で非常に重要だったのが、この企画を「男性神話」の構造を持つ物語として組み立てようとしたことです。「男性神話」とは神話体系の一つで、古来からさまざまな物語で用いられている物語の構造です。「男性神話」の特徴は、「居心地のよい場所からの脱却」→「仲間を見つけ、冒険をし、壁を超える」→「宝物を持って帰る」という3幕で構成されていることです。桃太郎や『スター・ウォーズ』などは典型的な男性神話です。たとえば、『スター・ウォーズ（エピソード4）』でなぞってみると、次のようになります。

第1幕「居心地のよい場所からの脱却」：タトゥイーンからの脱却

田舎の農家から抜け出したいけれど、抜け出せないルーク

オビ＝ワン（メンター）との出会い。レイアからのメッセージ

帝国軍によって叔父と叔母を殺され、旅立ちを決意する

第2幕「仲間を見つけ、冒険して壁を超える」：カンティーナ酒場での出会い・フォースの目覚め

カンティーナ酒場でハン・ソロ、チューバッカ（仲間）と出会う

オビ＝ワンからフォースを学ぶ

オビ＝ワンがダース・ベイダーに殺され、ルークのフォースが強くなる

第3幕「宝物を持って帰る」：最終決戦

反乱軍の作戦会議。デス・スターの攻撃が始まる

デス・スターでの死闘。多くの仲間を失いながら撃破する

基地に戻りハン・ソロと共にレイアからメダルをもらう

男性神話はこのように、居心地のよい場所を抜け出して、仲間と共に戦い、成長して戻って来るという物語です。この「18祭」における主人公は18歳の人々です。そして彼らが憧れる人物には、スター・ウォーズで言えば「オビ＝ワン」にあたる「メンター（指導者）」という役割を担ってもらうことにしました。メンターは主人公を冒険へと誘い、試練を与え、成長を促す存在です。

メンターによって日常から抜け出した18歳の人々が目指す「最終決戦」を何にするか？　私たちはこの最終決戦を「1000人の18歳が憧れの人物と共につくる奇跡のステージ」とすることにしました。「祭」は一人で行うものではありません。さまざまな想いを持つ18歳の「仲間」が1000人集まることによって、想像もできないような熱が生まれるのではないか、そんな期待を込めて企画しました。

企画のコンセプトは、次のようなものとしました。

1000人の18歳と彼らが憧れるアーティストが一緒になって行う18歳の18歳による18歳のためのイベント。

1000人の18歳たちは「観客」ではなく、イベントの主体的な存在であり、強い参加性を求められ、彼らの努力や勇気によって、イベントの成否が左右される。

等身大の日常とは異なる、大きな感動と達成感を体験をすることにより、仲間に出会い、人生の可能性を少しでも広く感じてもらうことを目指す。

そして、この「18祭」の「メンター」となったのが「ＯＮＥ ＯＫ ＲＯＣＫ」でした。言うまでもなく、世界での活躍も目覚ましい、今、日本で最高のロックバンドであり、そのストレートで強力なメッセージで多くのファンを持つカリスマ的なバンドです。ＯＮＥ ＯＫ ＲＯＣＫがこの「18祭」のために楽曲を用意し、その楽曲を１０００人の18歳とＯＮＥ ＯＫ ＲＯＣＫが一度限りの奇跡のステージで演奏する。その〝最終決戦〟を目指して、プロジェクトはスタートしました。

２０１６年8月に「ＯＮＥ ＯＫ ＲＯＣＫ 18祭」は参加者の応募を開始しました。応募条件は、「18歳世代（ライブ当日の年齢が17〜19歳）」であることと、「本気」であること。参加希望者は30秒のメッセージと60秒のパフォーマンスを収録した動画を応募します。定員を大きく上回る応募動画がＮＨＫに届けられました。

全国の18歳の熱い想いや悩み、葛藤が詰まった応募動画は、それだけでも非常に感動的なものでした。本当は歌手になりたいが思い切りがつかず違う進路に進もうか悩んでいる人、怪我で部活のサッカーを引退しなければならなくなった悔しさをぶつけたい人。さまざまな個性や想いが集まり、一次選考が行われていきました。二次選考ではついに課題曲『Ｗｅ ａｒｅ』が発表され、この課題曲の練習動画による選考が行われました。ＯＮＥ ＯＫ ＲＯＣＫの楽曲はキーが高く難しい曲が多いですが、この『Ｗｅ ａｒｅ』もなかなかの難曲で、苦戦しながらも懸命に歌う動画が届けられました。

二次選考を経て合格発表に。しかし、ＯＮＥ ＯＫ ＲＯＣＫとのステージを迎えるには、歌のレベルアップが必要でした。各地で合同練習会を開催し、ここで初めて「仲間」たちと直接出会います。そして、共に練習し、本番へ向けて力を入れていきます。

この「応募」から「合同練習」までが物語の第1幕と第2幕にあたります。悩みや葛藤を抱えながら日常の生活を送っていた彼らが、ＯＮＥ ＯＫ ＲＯＣＫというメンターによる〝冒険への誘い〟を受けて、自ら動画をつくり、親や周囲を説得し（多くの参加者にとって受験勉強真っ最中の大変な時期でした）、選考という関門、難曲という試練を乗り越えて、〝最終決戦〟へと向かったのでした。

都内某所の特設ステージに１０００人の18歳が集まります。遠方からの参加者は新幹線、夜行バス、飛行機でやって来ました。ＯＮＥ ＯＫ ＲＯＣＫが立つステージをすぐそばからぐるりと囲い込む見たことのないようなステージ。これは観客のための客席ではなく、１０００人が一緒に演奏するためにつくられたステージでした。何度かのリハーサルを経て準備が整ったところで、

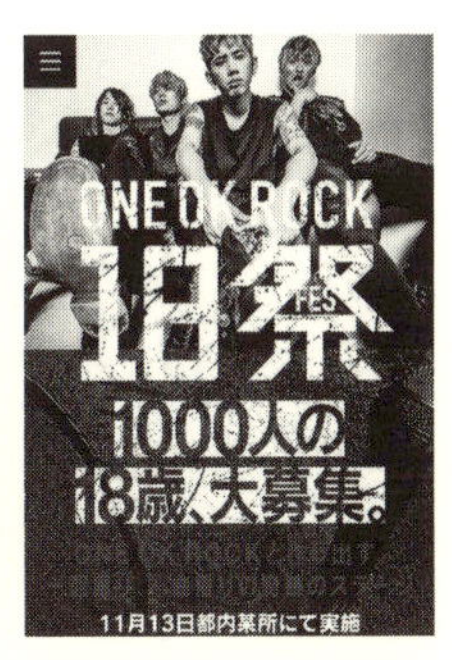

「18祭」当日の模様（左）、募集告知（右）

ＯＮＥ ＯＫ ＲＯＣＫが登場します。ものすごい歓声。会場の興奮は最高潮に達します。ステージに立ったボーカルのＴＡＫＡさんが１０００人の18歳に話しかけます。

「もうみなさんは子どもではありません。立派な大人だと僕は思っています。年をとってもしょ～もない大人はこの世の中に腐るほどいるし、たとえ未成年であっても素晴らしい思考を持って、素晴らしい情熱を持ってこの世の中で生きている人もたくさんいます。

みなさん一人ひとりの気持ちの中にある熱いものだったりとか、正義感だったりとか、罪悪感だったり、いろんな感情がありますけど、そういった一個一個に嘘をつかずに生きていくこと、僕が一番、いつもモットーにしていることです。これからいろんなことがもちろんあるんだけれども、そういったことに対して、自分のリアクションに絶対嘘をつかずに、進んでいってほしいなと思います。

そういう気持ちを込めて、今回の曲（We are）をつくりました。熱い気持ちが今、ふつふつと心の中に湧いてきていると思いますけど、今から一緒に僕たちと演奏して、素晴らしい一曲につくり上げていきたいと思います。準備はいいですか？」

ステージが暗転し、一度限りのステージが始まります。企画に携わった我々の想像をはるかに超えた、すさまじいステージになりました。全力を出し尽くした1000人の18歳たちは、見事に自分の壁を乗り越えて、最終決戦に勝利したのです。そして、この日共に戦ったたくさんの仲間との出会いという宝物を持って家に帰っていきました。

2017年1月9日、「18祭」はNHK総合で放送されました。1000人の18歳が生み出した奇跡のステージは、同世代だけでなく、親世代や高齢者にも大きな感動を届けました。「感動した」「涙が止まらなかった」「一生忘れない」「人生が変わった」「自分もやりたいことを見つけたい」

「若い人たちのことを見直した」といった声が数多くＳＮＳで広がり、同日深夜には「Ｗｅ ａｒｅ」がＴｗｅｅｔランキング1位になっていました。放送後の反響もすさまじく、ＮＨＫオンラインには再放送のリクエストが大量に届き、なんと3週間後には再放送されることになりました。

参加した18歳の人々はもとより番組を視聴した18歳の人々も含めて、ＮＨＫに対する意識は大きく変わったのではないかと思います。そのエネルギーの発信源は言うまでもなく、１０００人の18歳たちです。彼らのリアルな体験が番組やＳＮＳを通して広まり、その熱が次々と伝播していったのです。それによって「18祭」は、ＮＨＫが18歳とつながるという目的を見事に達成することができました。

今年も「18祭」は引き続き行われています。このプロジェクトで取り組んでいる課題は非常に大きく困難なものです。一朝一夕に解決するものではありません。しかし、このプロジェクトの継続によって、18歳たちのエネルギーを結集し拡散し続けていくことは、課題の解決に少しずつ貢献していくと信じています。

まとめ ― 物語のつくり方

以上、4つの事例を紹介してきました。これまで述べてきたように、顧客、社会、ブランドの3つの視点から成立する「物語」が真ん中にあることによって、企画は強くなり、マーケティング的に機能し、かかわる人やチームを巻き込んで推進していくことができます。

3つの視点がうまく組み合わさった物語を優れた体験として実践することによって、コトラーが言うところの「ブランドからのわずか一瞬の予期せぬ感動」を生み出すことができるはずです。そして、その物語が積み重なることによって、ホルトが言うところの「人々の自己存在意識に影響を及ぼす『物語』」となり、ブランドは顧客や社会にとって「意味ある存在」として大きな力を持つことになっていきます。

今回は書籍とするために、それぞれ順序を整理してフレームに当てはめて書いていますが、正直なところ、事後的に見えてきたことも多いのです。実際にそれぞれの仕事をしていた時に、必ずしもこういう順番で考えてやっていたわけではありません。企画するという仕事は、そんなに順々と積み上がっていくものでもありません。行ったり戻ったり、ミクロで見たりマクロで見たり、さまざまな視点で見返し、何度も壊して立て直しを繰り返すことが大切です。ここで述べてきた3つの視点は、そういうことをする時に使うとよいと思います。

特に、「ブランドの視点」は重要です。先述したように、「ブランド」は人々の知覚の中だけに存在するものです。それは一朝一夕にできるものではありませんし、効果が発揮されるのは当該のコンテンツなどに触れる瞬間だけではありません。そのブランドを実際に購入する時、使用する時、推奨する時においても機能するべきなのです。そして、その「物語」を「体験」を通して具現化すること。単にメッセージを伝えるのではなく、受け手である顧客を主体とした「体験」を軸に「物語」を実践していくこと（Story Doing）が重要になってきます。

ある「物語」に基づいて、顧客が〝主役〟として能動的に参加するための〝場〟をブランドがつくり、その場において生まれた「体験」をコンテンツ化して広めていく。ブランドが自らのマーケティング目的のために行うという点では、従来の広告と同じです。しかし、あくまで主役の座を顧客に譲り、アンコントローラブルな状況も受け入れ、その〝場〟において生まれる生身の人間のナマな反応や感情そのものをコンテンツとしていくことによって、「物語」は実践的なものとなり得ます。

この第1章では、ブランドの価値を構築していくある種の〝プログラム〟とも言える「物語」

について述べてきました。今日のマーケティングにおいて生み出そうとしている非常に高次元の「価値」の性質上、人々の〝知る〟ことの根幹ともなっている「物語」は、より一層必須のものとなっています。そして、その「物語」はブランドだけのものではなく、ある面から見れば顧客自身にとっての「物語」でもあり、またある面ではブランドと顧客、それを取り巻く社会にとっての「物語」であることが求められます。この3つの視点において成立する物語は、非常に豊かな意味の連なりを保有することとなり、文字通り多面的な価値を生み出すことになります。

第2章では、この「物語」を具現化していく「体験」のつくり方について述べていきます。これまでの広告業界は、主にCMなどを通して「Story Telling」することを得意としてきました。それは業務のプロセス、組織のあり方などさまざまな面での慣習やクセのようなものとして、今も根強く残っています。しかし、「体験」を軸とした「物語」の構築を行っていくには、さまざまな内部からの価値転換や自己変革が必要となります。

第2章ではそうした「体験」の実践面での困難さと、その克服の仕方についても述べていきます。また、「体験」は決して新しい概念ではありません。過去の広告・マーケティングの歴史を紐解けば、数多くの優れた事例があります。そこから学び取れることは、今日においても非常に有効なものを多く含んでいます。「体験」というフィルターを通して広告・マーケティングを再解釈することによって、これまでの常識を破壊する新たな常識が見えてきます。

対談「これからの広告に必要な、人を動かす『物語』の取り入れ方」

どんなに広告メディアの環境が変わろうとも、ブランドの構築には物語が欠かせません。第1章を執筆した河原大助氏がこうした考えを深めていく上で触発された書籍に、法政大学社会学部の青木貞茂教授が上梓した『文脈創造のマーケティング』（日本経済新聞社、1994年）があります。これからの「ブランドの物語」の在り方とはどういうものなのか。広告制作の実務家である河原氏と、広告会社を経て大学で教鞭をとる青木教授が語り合います。

青木貞茂（あおきさだしげ）
1956年、長野県生まれ。法政大学社会学部教授。専門は広告論、ブランド論。立教大学経済学部卒業後、広告会社勤務を経て同志社大学社会学部教授などを歴任。

青木）　お久しぶりです。日本マーケティング協会マスターコース「文化とマーケティング」の講義以来ですね。

河原）ご無沙汰しております。あらためて自己紹介させていただきますと、私は99年に東急エージェンシーに入社して、最初の配属先はマーケティングのセクションでした。配属先の先輩が勧めてくれた何冊かの書籍の中にあったのが青木先生の『文脈創造のマーケティング』でした。この本がとにかく面白くて、当時非常に刺激を受けました。

青木）ありがとうございます。

河原）広告やマーケティングの仕事をしていると、どうしても「消費者」としての人間の側面に注目してしまいますが、消費者という側面はその人のほんの一部で、僕ら人間はモノを買うためだけに生きているわけではない。稀に消費者以外の部分、その人と社会とのつながりだとかを、うまく捉えたマーケティングをするブランドがあるんですよね。

青木）人間が人間として、充実した人生を実存的に全うするには、その人固有の物語やエピソードやイベント、つまりライフストーリーなりライフヒストリーが必要です。そういう記憶を持たないと、ぼんやり生きているただの生物的な存在でしかありません。

河原）まさにそうですね。『動的平衡』（木楽舎、２００９年）の著者の福岡伸一さんが「記憶」を生物学的に検証されていて、記憶とはストックしたものから引き出したものではなく、その都度再生して作り続けているものであるといった意味のことを書かれていました。

青木）人間の細胞の多くが、時間の経過とともに入れ替わるにもかかわらず、なぜ同一性が継続すると担保されているのか。そのキーになるのが「記憶」なんです。

河原）今回「物語」をテーマにしたのも、物語と記憶には密接なかかわりがあるからなんです。そもそもブランドというものは人々の頭の中にしか存在しないので、頭の中でそれが再構成されるような仕組みを与えなければいけない。それが僕らの仕事で、「物語」とか「文脈」と言われる部分ではないかと。

青木）そうですね。何十年も生きていると子どもの時の「体験」の記憶が統合されて、ある種の文脈が頭の中ででき上がってくる。それがヒストリーです。「体験」は断片的なエピソードで、それが連なっていくと「経験」になるので、私は体験と経験を分けて使っています。ブランドにおいても、体験を連続的につないでいき、一定の物語の文法の中に当てはめないと人はストーリーとして認識できません。その時、「体験」は「経験」に変わるのです。

河原）ブランドのストーリーが積み重なって、ヒストリーレベルになって初めて資産となるんですね。ブランドの本来のゴールはそこだと思いますが、最近はいろいろなマーケティング手法が出てきて、短期的なゴールを目指すことが多くなってきているように思います。新しい手法の実験はもちろん必要ですが、たとえばWeb動画にしても、再生回数やSNSの拡散数だけでなく、何がブランドの資産となったのかに目を向けなければ、いったい何のために動画をつくったのか、ということになりかねません。

青木）瞬間的な面白さや刺激といった断片的なものだけできて、ブランディングにならない状態ですね。ブランドを構築していく時、ブランド・アイデンティティの核となるのは、ブランドのヒストリーです。人間で言えば、どういう価値観で生きてきたのか、ということ。全細胞が入れ替わっても意思として残り続ける部分です。

河原）これまでの仕事を振り返っても、ブランドがこの世にあり続ける理由やヒストリーを感じられる広告は、残存効果が高いように思います。

青木）日本で刹那的な広告が目立つのは、欧米と日本の世界観の違いもあるでしょう。欧米では歴史的な建築物のように、ゼロからつくり上げ何百年もバージョンアップしながら積み上げていく「垂直の時間軸」の感覚が身近です。共感できるブランドは、「自分を成長させてくれるパートナー」という発想が生まれやすい。一方、日本人は「水に流す」という言葉があるように、姿形を変えて「流れていく」無常観を持ちます。でもこれではブランディングはしにくい。ただ面白くてその時だけ人気というなら、芸で言えば一発芸です。日本のマーケティングは一発芸になりがちですが、ブランドが百年後も残り、人々の価値観に寄り添うパートナーや友人になれるかを意識しながら市場で勝ち続ける。この両軸が回せるようになるといいですね。

河原）

以前、ＮＨＫとテレビ離れしている若い世代をつなぐ企画を考える機会があったのですが、単に若者にメッセージを送る番組をつくっても、ＮＨＫというブランドが若者にとってのストーリーになりにくい。彼ら自身が熱狂できる何かを発見する場をつくることが必要なのではと考えました。そうしてできたのが１０００人の18歳が人気ロックバンド・ワンオクロックと1回限りの奇跡のステージをつくるという企画です。２０１７年の成人の日にステージの模様が番組としてオンエアされたのですが、放送後の反響は想像以上に大きかったです。「感動して泣いた」といった声がたくさんツイートされ、放送直後から再放送リクエストが史上最多レベルで寄せられました。何らかの「本物の熱」

を生み出せたのではないかと思います。

青木）そうした企画はぜひ継続していてほしいですね。歴史というものは継続していて途切れないものなのですから。レガシーになるには、伝説として語り継がれるようなエピソードの設計が重要で、その時に本当の意味でのストーリー構造というフレームが必要になります。

河原）この企画の場合は、「主人公である18歳の人々が、憧れの存在であるワンオクロックや仲間たちと一緒に冒険して、自分たち自身の努力や勇気によってイベントを成功させる」という男性神話の構造で組み立てました。今年も第2弾が行われ、企画が継続しています。

青木）ロングセラーの商品においても、積み重ねが価値になっていますね。たとえば江崎グリコの「ポッキー」が、フランス産の塩を使うとか、面白いことをやっている一方で基本は崩していない。だから歴史ある商品でも古臭さを感じさせずに存在し続けている。「わが社はクリエイティブです」と言っても、つくられた製品や広告が平凡だったら終わりです。人間がアイデンティティを形作るには、2つのものが必要です。一つはインフォーマティブで情報として発信されるもの。もう一つはパフォーマティブで行為的なものです。この2つが絡み合うことで、どういう実効性を持った存在なのかが初めて他者に理解されるわけですが、広告界はどうしてもインフォーマティブにばかり目がいってしまう。「このブランドは面白いです」とインフォーマティブな情報発信だけではダメで、パフォーマティブな部分がないといけません。

河原）物語と体験の両方が必要ということですね。パフォーマティブな部分がないと、今の時代はなかなか人にストーリーを信じてもらえません。たとえばレッドブルは、エクストリーム系のスポーツのスポンサードを積極的に行っています。ブランドのメッセージをブレさせず、常にスポーツやイベントというパフォーマティブなことを続けているところがすごい。

青木）「レッドブルという『友人』が一緒なら、平凡な毎日もエキサイティングなものになる、ハレの人生を生き続けよう」とレッドブル自身が本気で信じているのが伝わります。

河原）他のエナジードリンクではなく、レッドブルを飲みながらオフィスワークをしていると、「困難に立ち向かう自分」というようなヒロイックな気分にしてくれます。

青木）ストーリーは、自分の身に降りかかる出来事、世の中で起きていることを安心して捉えられるよう整理するプログラムでもあるんです。自分はなぜこの世に存在するのか。なぜ、突如地震や洪水のような災害が起こるのか。自分の愛する人が突然病で亡くなるのか。理由も原因もわからない。世界は混沌です。だから人間は、その意味を理解しようとして神話という物語を創造した。そうでないと耐えられないからです。人間は、自分というシステムを安定させるプログラムを求めた。それが、物事の一連の流れを再構成して自分たちが安心できるように整理するプログラム、すなわち神話に起源をもつ「ストーリー」なのです。

河原）今のお話を聞いて思い出したのですが、今の中国の若い人たちと話をすると、まさに自分たちが世界を切り拓き経済を成長させているというダイナミックな印象を受けます。

青木）今言われた例は、世界創造神話と重ね合わせて捉えられますね。世界創造神話として今ホットなのは、アメコミを原作とするハリウッド映画『マーベル・シネマティック・ユニバース』じゃないでしょうか。マーベル・シネマティック・ユニバースの「ユニバース」が文脈であり、単体のストーリーから巨大な世界観を持つシンボルストーリーを創り出して多くの人に受け入れられました。マーベルは、アイアンマンやキャプテン・アメリカ、超人ハルクなどのスーパー・ヒーローたちがつながった一つの大きな物語として売り出して世界的に大成功しました。

青木貞茂氏（左）と河原大助氏（右）

そうすることで枝葉ができて、いくつものストーリーを描けますからね。これは海外の事例ですけど、ゲータレードの「REPLAY」という活動が秀逸でした。十数年前に引き分けで終わった大学アメフトの名勝負を、当時のメンバーを集めて「再試合（リプレイ）」する企画です。年月を経てビール腹のおじさんになってしまった元選手たちが、ゲータレードを飲みながら1年かけて体を鍛え直す。トレーニングの様子から試合まで全部コンテンツ化されてニュースになり、いよいよ伝説の試合がリプレイされる時には全米

の注目を浴びて大成功を収めました。この企画は「フォーマット」となって他のスポーツでもプロジェクトが続いていきました。本物の熱を持つ、ものすごい事例です。

青木）このストーリーはいろんなものに利用できそうですね。ロングセラー商品のかつてのファンに対してとか。マーケティングも広告もコンテンツだと考えれば、それは一種の興行なんです。どういう仕掛けにして観客を継続して楽しませようかと考えるのが一番面白いところで、何とか実現しようとするところに熱が生まれる。マーケティングは決してサラリーマンの官僚的で数量的な組織マネジメントだけではないのです。マーケターは、ある意味興行主のような存在なんだとも言えます。

キャンペーンやブランディング、あるいは経営もそうですが、成功するものはそのプロセス自体がストーリーになり、後にそれがブランドにおおいかぶさった形でメタストーリーとして伝説や神話になっていく。世の中にヒーローや偉人として残っていく人たちは、そうなるプロセス自体がストーリーになっているものです。売上やシェアを上げろという厳しい課題の中で苦しんでいる人たちに、「実は根源にある意味や価値が重要で、文化によって構成されている知覚の在り方によって意味や価値の捉え方がまったく変わる。だからいったん現状から離れて、文化という広い文脈の観点から見てほしい」と声をかけてあげたいですね。

河原）僕は18年前『文脈創造のマーケティング』の中で、そのメッセージを受け取りました。今、自分より若い人たちと仕事をしていると、昔の自分と同じような悩みを持っているように思えます。ですから本書『物語と体験』が、彼らにとっての『文脈創造のマーケティング』のような一冊になれたらいいなと思っています。

青木）ビジネスは人生という物語の中の一分野であって、人生のすべてではありません。そして、物語は「文化」に属し、ビジネスに影響を受けつつ、ビジネスに影響を与えるという感覚が大事です。ビジネスだからといって数値目標にこだわり過ぎると官僚的になってしまいます。マーケティングは「企画」ではなく「計画」になる。だけど、たとえば「広告計画」ではがちがちな感じがして違和感がありますよね。広告、PR、マーケティング、ブランディング、すべて根元は企てる企画であって、計る計画ではありません。とりわけブランド構築において文化の中の物語という重要なプログラムを企てるという感覚を取り戻してほしいと強く願います。

第2章

体験

EXPERIENCE

1．全体が見えないと、本当のことはわからない

人々の時間がスマホに奪われたことによって、マスメディアによる広告だけで十分な接触者数を獲得するのは、かなり困難になりつつあります。Ｍ１層、Ｆ１層と呼ばれる「若者」に対する広告接触は特に深刻です。そうなると「複数の多様なメディア」を組み合わせることが必須となります。その場合、中心となる「広告メッセージ」は異なるメディアを「横断する」に値する「シンプルで野太い物語」があるものでなければなりません。今までのように「企業側からの一方的な押し付けの物語」ではなく、「生活者を主人公としたファクトベースの物語」であるべきです。「受け手を主体」にして、「広告を民主化する」のです。そしてブランドを強化する具体的なニュースをつくっていくのです。その物語を体現してブランディングを確立するために最も適した手法が、「体験」であると考えます。

ただし、体験施策の多くはこれまでＢＴＬ（Below the line）と呼ばれ、接触者数に限界があるため、広告会社の中でも下に見られがちでした。接触者数が少ないと社会影響力が低くて、結果として単なるノイズで終わりかねないです。だから「体験だけ」で終わってはいけません。そ

こで、その体験を映像化するなどして大勢の人々に二次的に伝えるために「マスとデジタルを統合したメディアプラン」が重要になります。昨今、マス広告であるATL（Above the line）と体験施策のBTLを融合させる「Through the line」の重要性が言われていますが、それだけでは甘いと私は考えています。これからの「進化した体験施策」は、ATLとBTLの主従ヒエラルキーを180度逆転させて融合する「Reverse the line」であるべきです。主がBTLで従がATLになるのです。「逆転」と言っても、そう簡単な話ではありません。天動説と地動説のように180度逆の概念なので、プランニングの中心はSPやデジタルなど、体験施策のシビアさを身をもって痛感しているBTL系の職種が中心になります。当然、広告会社内の部門間の壁を破壊することが必須となります。

ただし、BTLが中心と言っても、これまでのBTLの延長というわけではありません。ブランドの観点、インサイトの観点、課題解決の観点、統合メディアプランの観点、そしてクリエイティビティと融合した「進化したBTL」です。

そして、その進化したBTLでは、広告会社が今まで得意としてきた「認知を上げる」ことや「イメージを上げる」ことだけでなく、「行動喚起」を中心とします。今までの広告でも「心を動かす」ことが重要でしたが、進化したBTL広告は「心に火をつける」ところまで行かないといけません。「心を動かす」と「心に火をつける」では、表現の話法が大きく異なるのです。その場合、受け手を主人公化した体験中心で巻き込み型のブランディングが有効なのです。その時には、人々に何かを押し付けたり、コントロールしようと思ったりしてはいけません。人々が自発的に盛り上がれる「場の設定」と「運営」が重要になるのです。

現在のような、超デジタル破壊による時代の転換点においては、今までのビジネスモデルに即して「直線を延長したような変化」をすることは稀です。高度経済成長期なら現在の延長線上に未来がありましたが、かつての成功体験がむしろマイナスに作用する時代になりつつあるように思えます。特に日本の企業は、リニア／線形思考にとらわれている場合が多い気がします。激しい構造変化が起きている時には、「非線形の破壊的な変化」が求められるのです。

私は広告会社の東急エージェンシーに入社以来、8つの部署を経験して、現在はTOTBという戦略部署で「統合的なクリエイティブディレクション」を担当しています。私のキャリアの中でも最も特殊な点は、30代の頃に約5年間、メディアプランナーをしていたことです。メディアプランに異動するまでの私は、広告とは「クリエイティブの表現内容」だけが重要で、メディアは本質的なものではないと見下していました。しかし、これがとんだ大間違いだったのです。「人は運命から外れた道でしばしば運命に出会う」という名言がありますが、私の場合はまさにメディアとの出会いがそれでした。

私自身、メディアプランの部署で衝撃を受けたのは、以下の2つのことです。

①表現の「内容」よりも、出稿するメディアの「総量」のほうがはるかに重要な場合が大半。
②広告は、ある「一定の量」を超えないとまったく意味がないということ。

つまり、「テレビCMの表現内容」と関係なく、大量のCMを流せば流すほど商品への好意や購入意向は上がるというのです。自分がそれまで一生懸命つくってきた広告表現の内容よりも、表現の容れ物である「メディア」の「量」のほうが決定打になるケースのほうが多いということでした。そういったことをデータでまざまざと見せつけられたのです。

もちろん1%の優れた広告は媒体の量を超越してヒットすることもありますが、99%の広告は、不確定な要素が強い「表現」では勝負せずに、効果が計算しやすい「媒体量」に託しているのが現実です。だから表現の内容も極端に言えば何でもよくて、その結果、受け手である消費者よりも送り手の主張を優先させる自画自賛型・自己完結型の広告が圧倒的に支配するようになったのです。私はメディアでの経験を通して「お前が信じている〝クリエイティブの力〟とは、お前が思うほど重要じゃないぞ」と言われた感じがしました。メディア論で有名なマーシャル・マクルーハン氏の名言で「メディアはメッセージだ」というものがあります。「メディアはその内容よりもメディアそのものにメッセージ性がある」という意味で、まさに私がメディアプランで受けた洗礼と同じことを表現していたのです。

「表現内容よりも量でねじ伏せる」というこれまでのやり方は、「形を変えて存続し続ける」と思います。しかし、デジタルによる破壊的な変化が進行中の現在、それとは違う「ファクトに基づいた体験」を中心にした「プロモーションコンテンツ」を「統合メディアプラン」で広げる、「まったく違う新しい考え方の広告」の芽が見え始めている気がします。広告はクリエイティブばかりが目立ちますが、メディア、戦略、ＳＰ、ＰＲ、そしてデジタル解析などさまざまな要素から成り立っています。そして、広告という仕事はもともとかなり複雑であったため、広告会社の中でさまざまな部署に分かれて専門性を培ってきました。その結果、部署間での文化がバラバラに分かれて、強烈なセクショナリズムが生まれました。

しかし、急激なデジタル破壊による影響で、一人の人間がクリエイティブだけでなく、戦略やメディアプラン、デジタルまでを同時かつ包括的に考えないと、何もできない時代になりつつある気がしています。その場合、メディアプラン一つとっても、ただ単に面白おかしいメディアのアイデアを考えるということだけではなく、あらゆるメディアの想定リーチや金額や媒体の接触実態、そして媒体交渉の難易度なども知っていないと話になりません。

広告とはそもそも「部分的」なものだったのではなく、「統合的なもの」だったのではないでしょうか。私たちは無意識で一つの角度だけで物事を判断しがちですが、さまざまな角度から物事を見て全体を見ないと正しい判断はしにくいです。今後、広告はすべての部署の概念が統合されて、広告という狭い枠を超えて、アイデアを核にして森羅万象の問題を解決するというビジネスに概念拡張していくように思えます。ですが、現在の広告業における最大の問題は、「一つの部署の視点からでは問題解決ができないこと」であるように思うのです。一つの部署の論理にしがみついているほど悠長な時代ではなくなったのです。

昨今、広告は斜陽産業と思われつつありますが、私は反対に今後広告が「さらにクリエイティブで社会意義がある仕事」になると信じています。職業に上も下もないことを承知であえて言うと、「広告は世界一楽しい仕事」になると思っています。その場合、クリエイティブだけでなく、メディアプランと戦略との融合が必須になります。21世紀は「再定義の時代」なのです。

この第2章では「企業の行動」や「ユーザーの体験」という「事実」に基づいた「プロモーションコンテンツ」を「ソーシャルコンテキスト」と関連付けた上で、テレビCMをはじめとする「統合的かつ効率的なメディアプラン」で広めていく「ネオ・プロモーション」という手法を中心に説明していきます。

広告業界の地殻変動

まず、左ページの2つのグラフをご覧ください。

①媒体別広告費構成率2001年→2014年

左のグラフは、日本の広告業界の媒体別の広告費を円グラフにしたものを2001年と2014年で比べたものです。

2001年を見ると、当然マス4媒体のパワーが圧倒的でした。しかし、デジタルの台頭とス

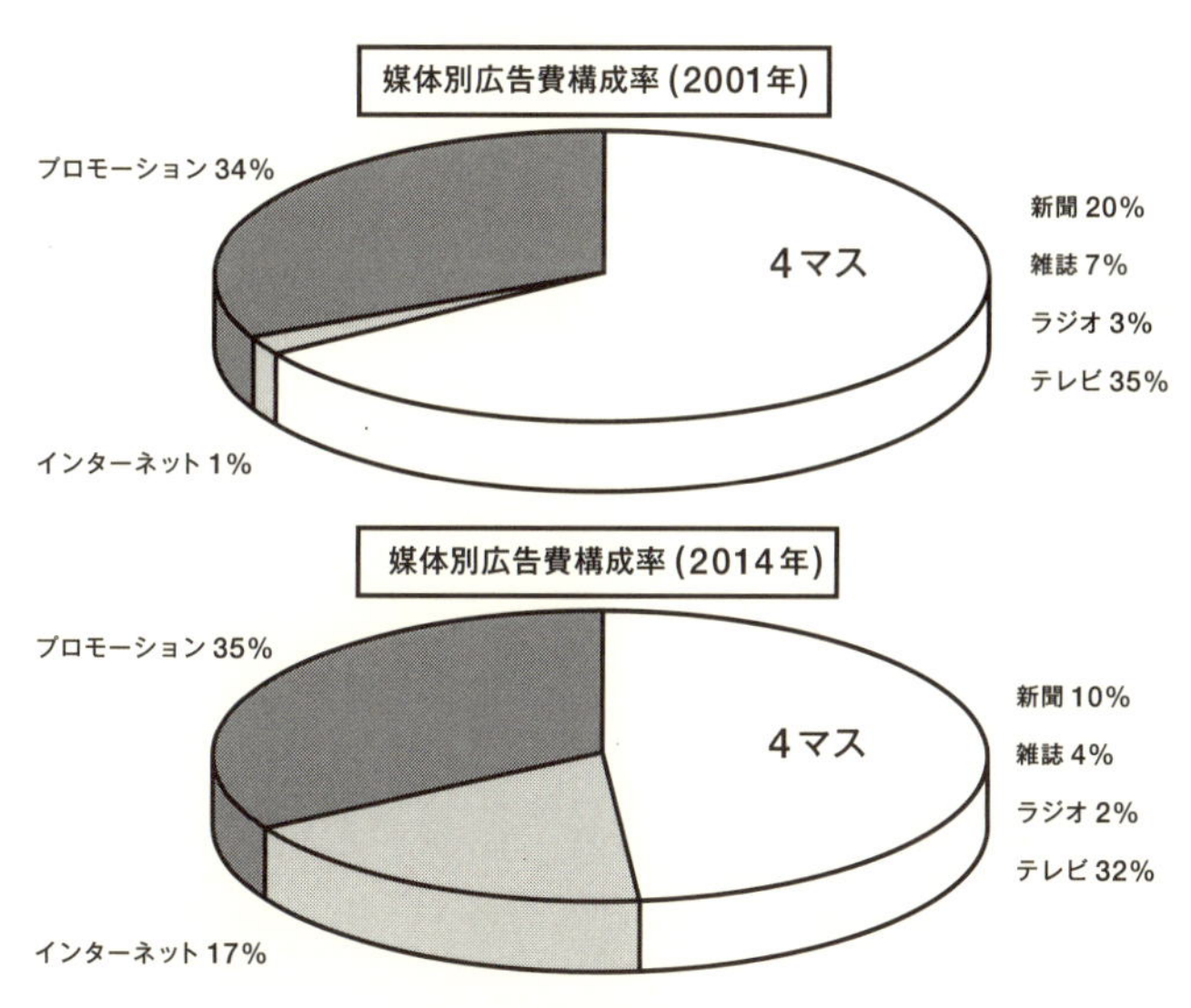

出典：電通「2001、2014年 日本の広告費」より作成

マホの出現に伴い、マス4媒体のシェアがかなり下がりました。プロモーションとインターネットを合わせると過半数を超えてしまったのです。しかも、このマス媒体縮小の傾向はさらに続くと思われます。現状のこういった状況でもスゴイのですが、別の視点ではもっと深刻な状況になっていることがわかります。

②テレビとネットの接触時間比較

次ページのグラフは、2016年、総務省と東大大学院が調査したテレビとネットの接触時間の年代別比較です。

若者の場合、広告における重要なターゲットなのに、すでにネットに接触する時間の総量がテレビを抜いています。一方、シニアは依然と

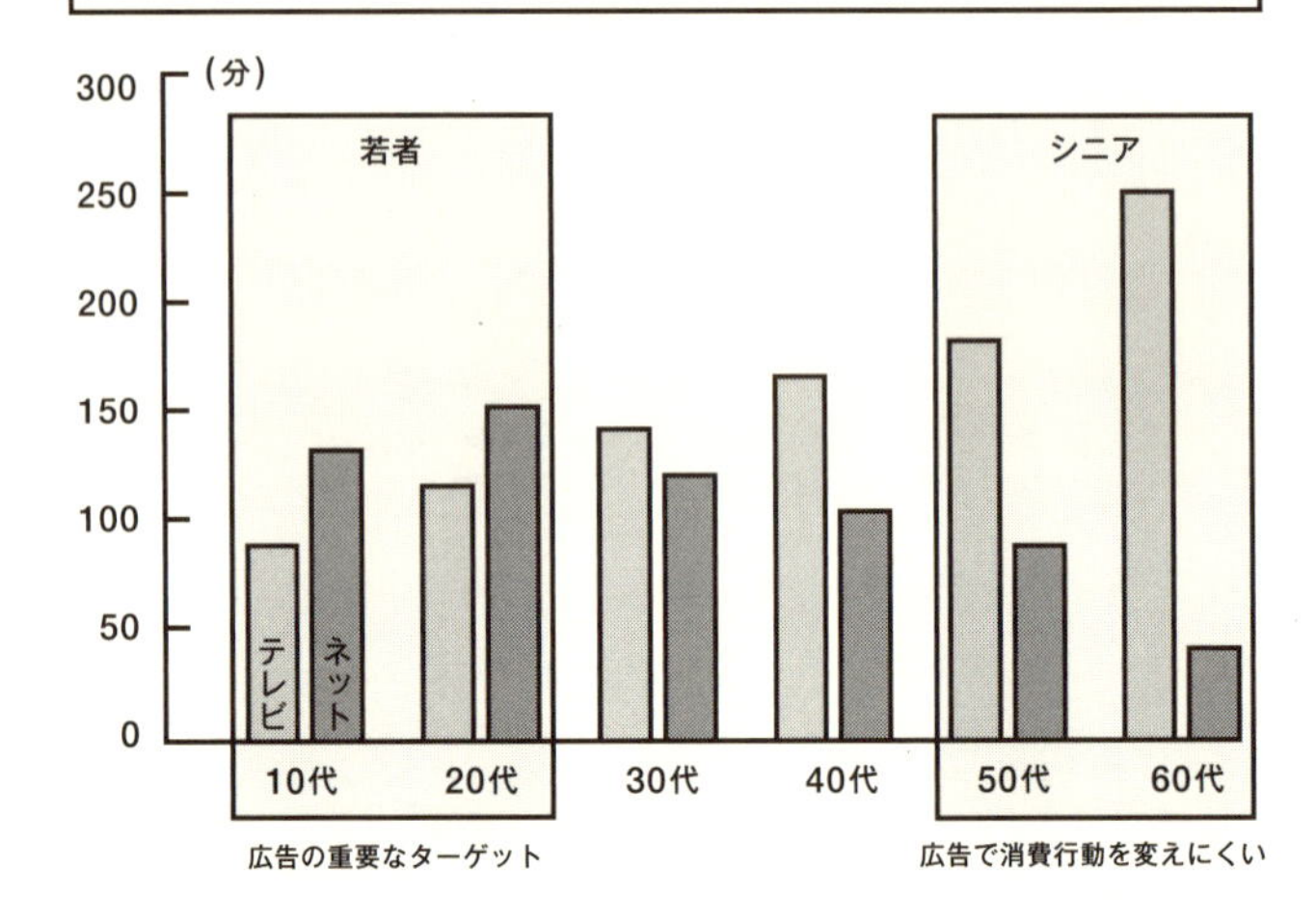

出典：総務省「平成28年 情報通信メディアの利用時間と情報行動に関する調査」

してテレビの視聴時間は長いのですが、シニア層はそもそも広告で消費行動を変えにくい層であることを考慮しないといけません。

つまり、若者からシニアまでの全年代を平均すると、そこまでマス4媒体の接触時間は落ちていないように見えますが、広告における重要なターゲットの若者層だけに絞ってみると、すでに危機的な状態に陥っているのです。この2つのグラフから読み取れる最大の「問題点（仮説）」は、スマホがマス4媒体に接触する時間を「奪って」いるということです。

しかし、スマホがスゴイからといって「スマホの広告」がスゴイかというと、そうとも言えません。広告費は伸びていますが、スマホというのは前例がないくらい「自分空間感」が強いメディアです。みなさんも実感があると思いますが、スマホ上の広告に拒否感を覚えることは多くないですか？　スマホのような「自分の世界であるという意識が強い空間」に、広告などの異物が少しでもあると腹立たしいのだと思います。つまり、マス媒体の接触は減少しているけれど、その他のメディアもそこまで急増しているわけではないので、全メディアの広告総接触時間がどんどん減っているように思えます。広告が見られる絶対量が低下しているわけです。

それと合わせて、成長市場では商品の存在を知らせる「認知」が購買に直結していましたが、さまざまな産業の成長がアタマ打ちになり、超成熟市場になったことで、認知と購買の相関が弱まってきました。知れば知るほど商品が売れるという時代が終わろうとしているのです。特に購買サイクルが長い商品に関して言えば、さらに認知と購買の相関が弱まっています。今までは何の疑問も持たずにテレビCMさえやっていれば、たいていのことは解決していましたが、今後は（というか、すでに）そう簡単にはいかなくなってきているのです。

広告業界5つの深刻な問題

■問題①　マス媒体は弱まっているが大声合戦は続く

広告業界で「ＳＯＶ」という用語があります。ＳＯＶとは「Share of voice」の頭文字をとったもので、同じ業種の商品カテゴリー全体の広告量における自社の広告量のシェアのことです。つまり、ライバル企業に対して、どれだけたくさん広告をしているかという指標です。たくさん広告をすればするほど、このＳＯＶは高まります。競合商品と比べて声が大きければ大きいほど（広告出稿量が多いほど）、実際の市場シェアも上がっていくのです。

基本的に広告というものは、一番大声を出した者が勝つのです。大手企業の広告は主にテレビＣＭを使って日夜、大声競争をしているとも言えます。私自身、学生の頃はまったく気づかなかったのですが、広告会社に入社して驚いたことは、広告ビジネスという7兆円市場はビックリするくらい「統計学」に基づいて動いているという点です。大衆というマクロレベルで見ると、市場は統計学的に動いてきました。だから今までは、これくらい広告をやればこのくらい商品が売れるというように、ある程度の「計画経済」が通用してきたとも言えます。そんな中、テレビＣＭ

が絶大な効果があった理由は、私は心理学でいう「単純接触効果」が一番大きな要因であると考えます。これは広告業界では「ザイアンス効果」とも言われています。

単純接触効果とは、どんなモノであっても接触する回数が上がれば上がるほど、そのモノのことを好きになるという理論です。実際にあらゆる角度の実験から立証されています。そして、この単純接触効果をより広告的に発展させたのが、1972年にハーバード・E・クラグマン氏が発表し、M・J・ネイプルス氏が情報を付け加えた「スリーヒット理論」です。広告は消費者に4週間の中で3回以上接触させることで効果が生まれるというものです（1回ではどんなに優れた広告でも効果はないのです）。ちなみに「セブンヒット理論」というものもあって、7回の接触を超えると、より購買の可能性が上がるとされています。

テレビCMの指標で「GRP」というものがあります。これは「Gross Rating Point」の略語で、テレビCMが何人の人に何回見られるかという指標です。単純接触効果の理論に則れば、このGRPは多ければ多いほどよいことになります。そして今まではテレビの影響力が圧倒的だったので、SOVはほぼテレビCMのGRPと連動していました。どれだけ大勢の人たちに何回、広告に接触してもらえるかということが、広告の効果のすべてだったと言ってもよかったのです。

たとえば、知名率75％の商品を知名率80％にしたいという場合、約4000GRPものテレビスポットCMの投入が必要となります。この場合、全国での1GRPにかかる媒体費用を「約20万円」として計算すると、8億円もかかってしまうことになります。

いずれにせよ、どんなにつまらないCMであったとしても、たくさん回数を見れば商品を好きになって買う確率が上がるのです。ですから、「大量の広告媒体スペース」という広大な場所で情報の送り手が言いたいことを大声で叫びまくることができて、それが大きな効果を生んでいたのです。

しかし、デジタルがもたらしたさまざまな変化によって、テレビCMの効果は低減しつつあります。テレビをまったく見ない若者の出現などと合わせて、今までのようにテレビだけで十分なSOVを取ることがかなり困難になり始めたのです。今後は、全盛期のマス媒体に匹敵するSOVをどうやって取っていくかということが重要になります。「マス媒体は衰退しているが、SOVは衰退してない」のです。その解決策となり得るものが、以下2点であると私は考えます。

［解決策A］　量的：テレビCMが減った分を、テレビCMとWeb動画と屋外ビジョンの積み

重ねで補う。

［解決策B］　質的：メディア横断に値する物語とリアルな体験性がある統合型施策を、適切な媒体量で訴求する。

■問題②　人類史上最大の世代間ギャップ

ピラミッドの壁画に「今の若者はなってない」と書かれていた、という話を聞いたことがありますが、いつの世も年配層から見た若者というのは不満があるものです。しかし、「超デジタル破壊」という変化が現在進行形で進む現在、人類にかつて経験したことがないレベルの「ジェネレーションギャップ」が生まれつつあると感じます。よく世の中が変わっても本質的なことは変わらないで、ツールや手段などの表面的なことだけが変わるという論調がありますが、現在の変化というのは、本質的なことすら激しく書き換えている感じがするのです。

デジタルマーケティングの用語で「イノベーター理論」というものがあります。これはスタンフォード大学教授のエベレット・M・ロジャース氏が提唱したもので、消費者の商品購入に対する態度を5タイプに分類したものです。一番先進的な人を「イノベーター（革新的採用者）」と呼びます。誰も知らない先進的な商品を、どこからか見つけてすぐ買うような人です。人口の2・5％いるのです。40人に1人の割合です。次に、まあまあ先進的な人々はアーリーアダプター（初期採用者）と呼びます。そして、大衆層であるアーリーマジョリティー（前期追随者）、レイトマジョリティー（後期追随者）、ラガード（遅滞者）と続きます。本書では、イノベーターとアーリーアダプターを「先進層」、残り3つの層を「大衆層」と呼ぶことにします。

「先進層」と「大衆層」の間には、「キャズム」というものが存在しています。キャズムとは、センスのイイ人たちと大勢の大衆の間にある「センスの溝」のようものです。尖った人とそうでない人の間には、わかり合えない深い溝が存在するのです。先進層の比率を合計すると16％になるので、「普及率16％の壁」と呼ばれたりもします。

この16％の壁を超えたモノが世の中でヒットします。「ティッピングポイント」と呼ばれたりもします。壁を超えないモノは、一部のセンスがイイ人だけに支持される尖ったモノになります。尖っていると選民感があってカッコいいですし、若者はそこを目指しがちですが、広告はあらゆる表現分野の中で特に「大衆層」の支持が必要な表現分野でもあるので要注意です。特に広告会社の若手社員は、イノベーターの中のイノベーターです。しかし、大衆層は別の行動規範で動くので注意が必要です。

また、このキャズムという壁は、いろいろな局面で起きています。若者と年配層、都会と地方、デジタル派とアナログ派。いずれにせよ、デジタルの知識の差による隔たり＝「デジタルデバイド」が原因の一つではないかと考えます。

昨今、ネットで頻繁に見かけるスラングとして、「コミュ障（コミュニケーション障害）」「糖質（統合失調症のこと）」といった「コミュニケーションの断絶」を前提にした言葉がありますが、現在はデジタル化によってできた「さまざまな壁」による文化衝突があちこちで増えているのではないでしょうか。今後コミュニケーションの仕事をする人は、自分とは異なる文化の人々とのコミュニケーションに関心を持たないとやっていけない気がします。自分とは違う境遇にいる人々への共感と理解が、ますます重要になってくるのです。

■問題③ 「リアル」の変化

少し古い資料ですが、総務省の「平成17年度情報流通センサス報告書」によると1995年度から2005年度までの10年間で、世の中に流通する情報量はインターネットの出現が影響して410倍になったそうです。このような情報だらけの社会では、今までのように企業側からの一方的な情報訴求や意外性のない情報は、無視されやすくなったと思います。これからは今までよりも、受け手にとってのメリットである「真の購入動機」と「意外性」が重要な時代に突入した気がしています。その場合、企業側が一方的に主張したい商品特長ではなく、受け手に「自分と関係ある」と思ってもらえる表現に変換することが重要なのです。

企業側が主張したいことと受け手が評価しているポイントが一致することもありますが、私の感覚では一致するケースは5％以下だと思います。そして、多くの人々がインターネットを頻繁に使うようになって「情報感度」が向上すると共に、全世界的に「自分的にリアルではない世界」や「ウソっぽい世界観」に反応しにくくなりつつあります。ネットの出現によって、全世界的にリアリティの感じ方に変化が起きているように思うのです。先進層だけでなく、大衆層であっても、今まで以上に「虚飾性の強いもの」への嫌悪感が増しているように思えます。

スターバックス会長のハワード・シュルツ氏は、「大量の広告は、ブランドを構築するためには役立つが、ほんものをつくる役には立たない」と言っています。広告は今後、「リアリティ」ということがますます重要になると思います。広告における「リアル」とは、その会社独自の価値観や目標、考え方に基づいていなければいけません。私たち広告会社が外から押し付けてもダメなものです。ブランドは本物でなくてはならないのです。なぜなら人間はウソを嗅ぎ分けるのが上手だからです。

広告業界のクリエイターは、その創造性を今まで「クライアントが主張したいことの素敵な言い換え」や「ブランドの世界観のイメージづくり」に発揮することが多かったと思います。マーケティングにしても、STP（セグメンテーション／ターゲティング／ポジショニング）などの送り手に圧倒的な主導権がある「押し付け視点」に満ちた手法だったと思います。

ご存知の方も多いと思いますが、次ページの写真はライフネット生命のテレビCMです。街頭にパソコンが置いてあり、実際に街行く人々がシミュレーションをして安さに感心するというリアクションをそのまま見せたCMです。私も今までテレビCMをたくさんつくってきましたが、このように企画的なひねりを一切しないで、商品をそのまま使用するタイプの企画は「このコン

ライフネット生命のテレビCM

テには企画がない」と言われやすく、ダメ出しをくらいやすいものです。しかし、リアルの感じ方が変化してきた昨今、変にひねった表現よりも、潔く真実をそのまま示すほうが機能することが増えた気がします。

商品カテゴリーや広告目的にもよりますが、特にこのライフネット生命の場合は、「ネットの生命保険は安い気はするけど、なんか不安だ」というインサイトに対してＣＭでイメージを突きつけるのではなく、「リアルに現実の人々が感心して評価している様子を見せる」ことを選んだのです。「みんなもやってます」という「リアル体験型ＣＭ」は、機能しやすいと思いますが、このケースでは特に、当てはまると思います。そういった場合、我々の業界が勝手につくり出した企画のルールなど、どうでもよいことなのです。大事なのは企画性があることではありません。受け手のマインドを望む方向に動かすことのはずです。そのために企画性が必要ならば入れて、必要ないのなら入れないという判断をすべきです。リアルの変化によって、こういった局面は今後増えるのではないでしょうか。

とはいえ、リアルが重要だからと言っても、ほとんどの場合はこのCMのように「むき出しの事実」を伝えればよいという単純な話ではないと思います。受け手が本物と感じることが重要なのです。

問題④　広告が拡散しない国、日本

マスメディアのリーチが減っていますが、それでもSOVを少しでも多く取ろうとする場合、以下の3通りのやり方が考えられます。

①複数のメディアを組み合わせる。
②ターゲティングの精度を上げてターゲットSOVを上げる。
③広告の拡散性を上げて、購入したメディア以上の接触人数を獲得する。

昨今、特にWebCMなどで広告が自発的に広がる「拡散」ということが以前よりも検討されるようになりました。私も広告には「拡散性」があることが大切だと思ってはいますが、一方で日本での「広告のPR&SNS拡散」は欧米の8分の1の規模でしかしないとも言われています。この状況を踏まえた上で拡散を考えないと、クライアントに過度な期待を抱かせておきながら、さほど結果が出ないで失望させてしまうことになったりします。

日本の広告市場はアメリカに比べて約2分の1弱ありますが、PRの市場はなんとわずか14分

日米における広告市場とPR市場の比較

アメリカ		日本
約16兆円	広告市場	約7兆円
約1兆円	PR市場	約700億円

出典：本田哲也『新版　戦略PR　空気を作る。世論で売る。』（KADOKAWA アスキー・メディアワークス〔アスキー新書〕）

の1です。PRは広告と比べて、各メディアで扱われる内容や取り上げられる時期や量がコントロールできないので、年間の広告計画の中でマネジメントしにくいとは思います。また、特に日本では「ステマ」などに見られるように、「PR的な情報の広がり方」を快く思わない傾向もある感じがします。そして広告費というものは予算化されているから、毎年、同じ時期に一定量の広告が出稿される傾向にあります。それだけに効果の即時性が求められがちでもあります。だから、いつどれだけの効果が出るかわかりづらいPRは、ウケが悪いのだと思われます。

そして「拡散」とは、媒体の購入を極力抑えて、広告費分の数倍の露出を可能にする行為です。しかし、広告主が訴求したいことの比重が強いままでは、拡散しにくいと思います。そのため、拡散型施策はブランドの世界観から離れやすい傾向があります。ですから、伝えたいことを確実に届けようとするのなら、本来ちゃんと媒体を買って実施するべきなのだと思います。広告は、基本的に払った金額分の効果があるものなのです。

ただし現在、その基本が崩れつつあります。払った分の効果が出ているのか、疑わしいケースが多いのです。テレビCMにしてもCMの時間にチャンネルを変えられたり、スマホをいじってちゃんとCMを見ていなかったりで、どこまで効果が出ているのか疑問です。Web広告のアドフラウド問題も深刻です。拡散も簡単にはしないけれど、ペイドの広告の効果も疑問というジレンマがあるのが現状だと思います。

問題⑤　広告会社の部門間の壁

広告会社内には見えない大きな組織の壁があります。ここからここまでが広告。ここからここまでがCM、ここからここまでがデジタル、ここからここまでがSP、ここからここまでがメディアという「組織の壁」、そして「意識の壁」です。その壁を破壊して境界線を曖昧にしなくてはならないのです。壁ができる理由は2つあると思います。

①セクショナリズム：自分の部署以外の領域の企画を出すと越権行為だと思われ、本来のその部署の人にイヤな顔をされたりする。

②木を見て森を見ず：自分の部署以外は断片的にしか知らないので企画が浅いし、全体像がつかみづらく、結果、自分の担当部署という「部分」に固執する。

しかし、現在のように超激変期には、一つの専門性がワナになります。「私はこの領域です」という主張は危険なのです。境界線を行ったり来たりすることが大切なのです。自分の部署以外のことをどんどん考えて社内調整すべきですし、チームのリーダー的役割の人は、メンバー全員が自由にアイデアを出せる柔軟でフェアな雰囲気をつくるべきです。そもそも組織そのものが、縦割りから横割りへとシフトしていくべきなのです。

広告業界版「イノベーションのジレンマ」

マーケティングの世界では、これまで2つの勢力がしのぎを削っていたと言われます。一つは「ケイパビリティ派」。ビジネスの効率を徹底的に高めていけば市場で勝つ、というものです。もう一つは「ポジショニング派」。顧客のマインドの中に独自かつ強力な一つのイメージを残すことが重要というものです。この「ケイパビリティ」と「ポジショニング」という2つの勢力の間で、その時々のパワーバランスが変化していたようですが、近年突然、まったく別の角度から第三極のマーケッターが現れました。ハーバードビジネススクール教授のクレイトン・クリステンセン氏です。「イノベーションのジレンマ」という企業経営理論で有名です。

「イノベーションのジレンマ」とは、大企業にとって新興の事業や技術は小さくて取るに足らないものと映るというものです。また、既存の商品が売上の大半を占めるため、現状の改良だけに意識を奪われて、顧客の「別の新たな需要」に気づかないというのです。だから大企業は、新興市場への参入が遅れる傾向にあり、その結果、既存の商品より劣るけれど新たな特色を持つ商品を売り出し始めた新興企業に、大きく後れを取ってしまうというのです。

この「イノベーションのジレンマ現象」が、まさに広告業界で本格的に起きているように思えます。既存勢力であるマス型の広告が現状の売上の大半をあげているので、新興勢力はたいてい社内で負ける運命にあります。そしてイノベーションをしたくても、できないのです。しかし、今までのモデルがすべてと考え、今後も変わらず永久に現状のビジネスモデルが続くという希望的観測に基づく思い込みは非常に危険です。

クリステンセン教授が定義するイノベーションの種類は2つあります。

①持続的イノベーション：今までの延長線上の進化。広告業界でいえば、新聞広告がテレビCMに進化して、さらにデジタル動画になることなど。多くの人々はここしか見えていない。

②破壊的イノベーション：今までと180度真逆の考え方を根底に持つパラダイムシフト的な進化（コスト破壊も含む）。これまでの広告の進化とはまったく違う進化。

私は、広告業界における2つの進化を次のように定義しました。

①持続進化：マルチディスプレイ＝テレビ＋Web動画＋屋外・交通ビジョン（OOH）

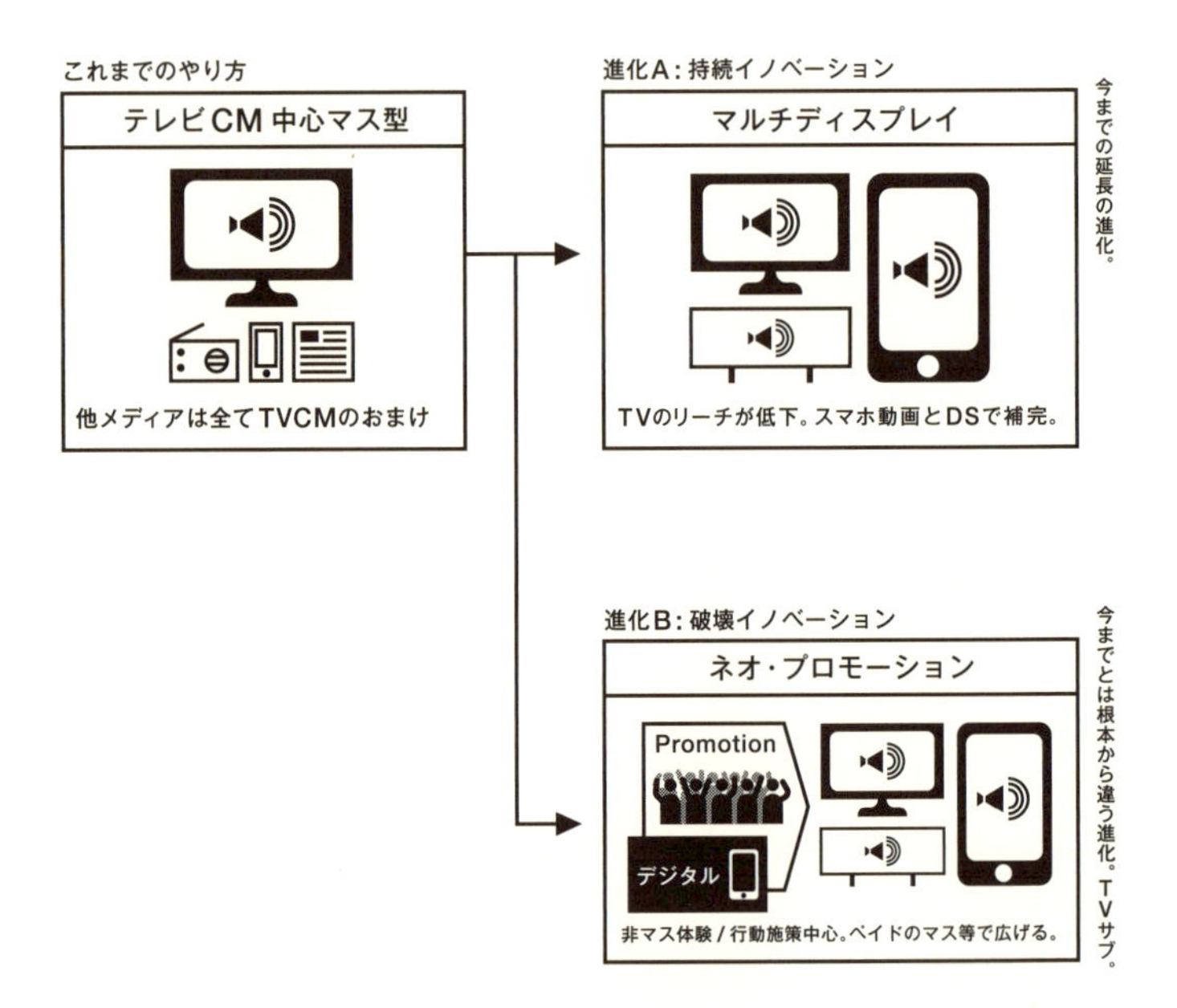
広告 2つの進化図
これまでのやり方
テレビCM中心マス型
他メディアは全てTVCMのおまけ
進化A：持続イノベーション
マルチディスプレイ
TVのリーチが低下。スマホ動画とDSで補完。
今までの延長の進化。
進化B：破壊イノベーション
ネオ・プロモーション
Promotion
デジタル
非マス体験／行動施策中心。ペイドのマス等で広げる。
今までとは根本から違う進化。TVサブ。

②破壊進化：ネオ・プロモーション＝マスと非マスの逆転融合。広告の正統進化というよりはSPの進化形。

これから詳細を説明していきますが、本書のテーマが②の「破壊進化」ですので、かなりそちらの比重が大きくなりますのでご了承ください。

2.「持続進化」――マルチディスプレイ

クリステンセン教授の「イノベーションのジレンマ」で言うところの「持続進化」とは、これまでの進化の枠の中で努力し続けていくことです。広告業界でいえば、かつて新聞広告が主流だった時代があって、その後テレビCMという超強力な広告に進化しました。今後、特に若者を中心にテレビの力が弱まる中で、テレビだけでなくスマホ動画と屋外ビジョンも組み合わせて、テレビCM全盛期のリーチに少しでも近づけてSOVを確保するという進化が起きると考えられます。これが広告業界における「持続進化」です。

広告業界における2つの進化のうち、正当進化である持続進化を「マルチディスプレイ」と名付けました。今までテレビCMだけでやっていたことをテレビCMとWeb動画と屋外・交通ビジョンを組み合わせて行い、総リーチを維持することです。Web動画に関しては、SNSのフィード内動画広告はしばらく伸び続けるでしょう。

屋外・交通のビジョン映像に関しても、駅の乗降客数の世界ランキングでは、上位を日本の駅が占めているとも言われることがあります。それによると、海外の駅は上位20位にも入っていません。渋谷、新宿、池袋は当然ですが、大宮や北千住までもが海外の駅よりも人が集まるのです。人々のハブである駅や屋外における映像メディアは今後も伸びるでしょう。

ところで電通CDC局長、古川裕也氏の名著『すべての仕事はクリエイティブディレクションである。』の中には、次のように書かれています。

「2005年くらいまでプレゼンの成否は、コピーとCMのデキでほぼ決定していた。すべては、額縁の中のゲームだったのである。額縁は不変であり、誰も疑わない。その中身だけにみな関心があり、その中身とオンエア量の掛け算によって、キャンペーンの勝ち負けが推測できた。でも今は、違う。まったく変わってしまった。（中略）多くの大事なことが額縁の外で起きている。

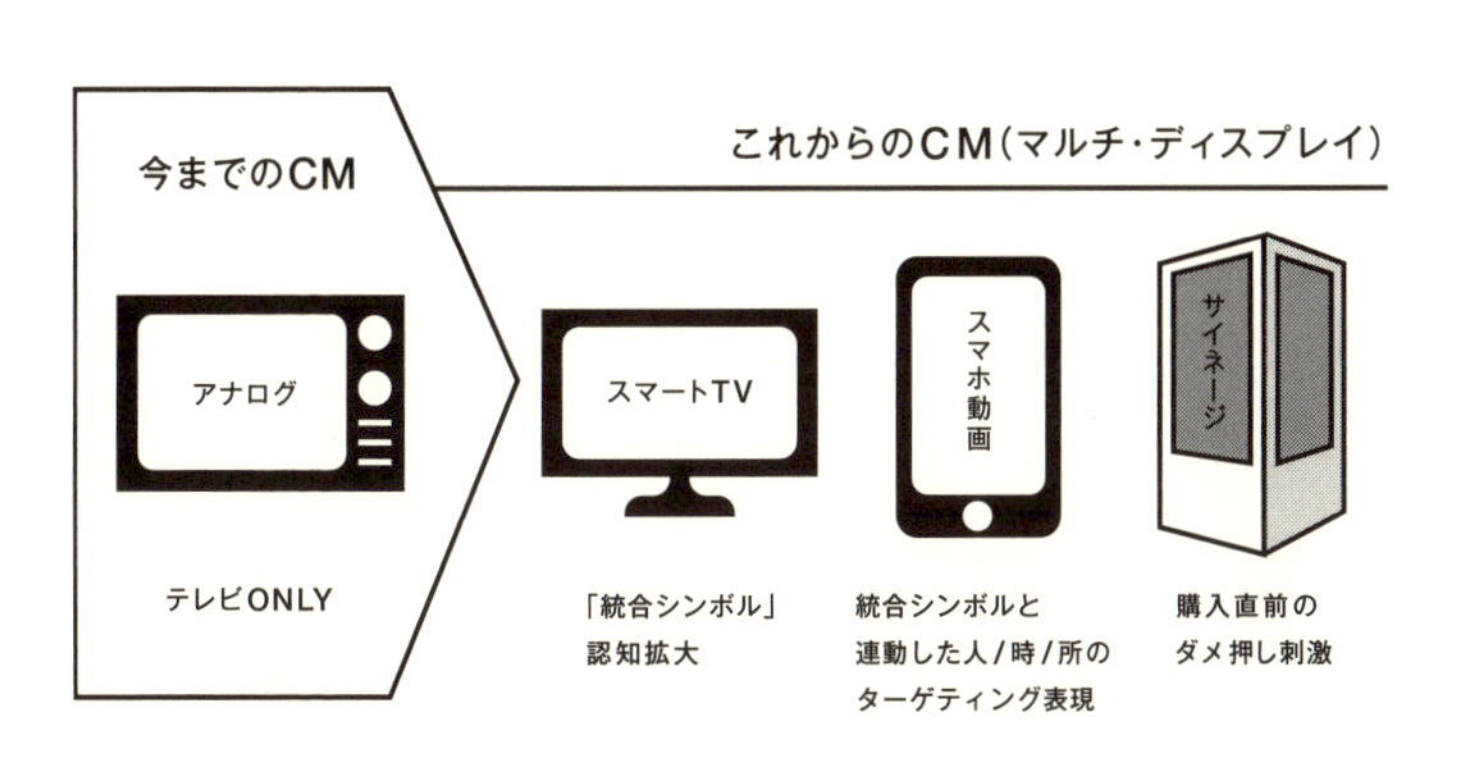

クライアントとCDが参加しているゲーム自体が変貌したのである。」（『すべての仕事はクリエイティブディレクションである。』P45）

この指摘には、個人的にもまったく同感です。ここに書かれていることは真実だと思いますが、心理学でいう「現状維持の法則」が広告業界全体に作用して、90％以上の人々はまだピンと来ていない感じがします。そして、この指摘の中にある「額縁広告」という概念を本書でも使わせていただきたいと思います。

額縁広告のことは、以下のように定義します。「1枚のキービジュアルと一つのキーコピーを基本として、ブランドの世界観や商品情報や購入動機を表現するグラフィック広告・テレビＣＭ・Ｗｅｂ広告」。この額縁広告をテレビという超影響力のあるメディアを中心に展開してきたのが、今までのやり方だったと思います。

マス額縁広告の力は衰退していますが、広告市場の90％以上を形成するのは、今後も「形を変えたマス額縁広告」であると私は考えます。「単純接触効果」の力は強烈なので、たくさんの回数を接触したほうが認知・好意・購入意向が上がるという傾向は、思ったほど崩れないと思います。

いずれにせよマス媒体の接触人数は低下するわけですから、足りなくなったリーチをＷｅｂ動画と屋外・交通ビジョンを組み合わせて補完することで、今までに近い接触数をキープすることが主流になるでしょう。広告主の心理からすると、高い広告費を払っているから、自らが主張したいことを自らのコントロールの下に発信し続けたいと思うはずなのです。だから、新しい手法やクリエイティビティという曖昧な要素に賭けるという広告主は、そう多くはないでしょう。そしてマスの威力は低下しても、マルチディスプレイでＳＯＶが維持できれば、今後も広告は機能するでしょう。マルチディスプレイ手法は、基本的に大資本の広告主、広告会社が圧倒的に有利になると思います。ビジネスは基本的には大資本が勝つのです。

ただし、この持続進化においても、今までとまったく同じやり方で広告をつくるわけにはいかなくなると思います。

「マルチディスプレイ」におけるクリエイティブ7つの持続進化

マルチディスプレイにおける広告クリエイティブの制作過程には、7つの進化があると私は考えます。

■進化① 広告表現の5W1Hターゲティングと新しいクリエイティビティ

現在、ネット通販のアマゾンの売上の3割は、ターゲットごとに変えている「オススメ」によるものだという説もあります。今後、ターゲティングの大波が広告業界に押し寄せるのは確実でしょう。今までのテレビCMでも、ターゲットによって出稿パターンを変えていました。若者だったら土日と深夜にCMを見る可能性が高いので「逆L型」、主婦は1日の中でどの時間帯もテレビを見るので「全日型」などといったようにです。ターゲティングと言っても、万人が同時に見るマスメディアである以上、ここまでのターゲティングが限界でした。しかし、Webメディアの場合は、想像を絶するレベルでターゲティングをすることができます。

私も以前、自著の発売記念トークイベントの動員告知にフェイスブック広告を使ったことがありました。そのイベントを新宿のブックファーストで実施したのですが、新宿を日常的に使う人でないとわざわざ来ないだろうと考え、過去1週間の中で新宿ブックファーストから半径1㎞を訪れた形跡がある25歳から40歳の男性ビジネスマンをターゲットとしました。さらに、都庁勤務を含む新宿の大企業の人々もターゲットに設定しました。広告が掲出される時間帯も、仕事で忙しい時間ではなく、帰り際の時間帯に絞りました。広告表現も曜日別や会社別に、それぞれのターゲットに応じたメッセージ別でWeb動画を10パターンくらいつくり、CTR(クリック率)のよい表現の比率を上げていきました。

今後、テレビとデジタルが融合していくにあたって、こういったWebの世界では当たり前だった「5W1Hのターゲティング」の概念がマス広告にもなだれ込んでくるはずです。超効率的なWeb広告との比較で、もうすでにテレビCMのムダが気になり始めているクライアントもいます。5%の人々に訴求したいのに、その他の95%の関係ない人々に訴求する分の媒体費は払いたくないという思いが強くなってきたのです。

今までのマス広告を企画する時は、ほとんどの場合「2W1H」だったと思います。Why to say（なぜ言うか）、What to say（何を言うか）、How to say（どのように言うか）です。しかし、テレビだけでなくWeb動画と屋外・交通ビジョンを組み合わせる「マルチディスプレイ」では、企画する時に「5W1H」の視点が必須となります。Why、What、Howまでは今までと同じで、それにさらにWho to say（誰に言うか）、When to say（いつ言うか）、Where to say（どこで言うか）という要素が加わります。

たとえば、東横線に乗っている時に中吊り広告で「東横線にご乗車中のあなた！」というコピーがあった場合、今まさに東横線に乗っている自分の置かれている状態が加味されたメッセージなので、「え、俺のこと？」という感じで「自分ごと感」が強くなります。その場所における体験感や巻き込み感を考慮することは、印象度を深めるために大事なのです。5W1Hの視点により、場所だけでなく時間帯や天候の状況など、さまざまな次元で細かくターゲティングすることが可能になるのです。その場所が持つ意味、その時間帯に発信する意味までプランニングの視点に組み込むべきです。つまり、マルチディスプレイの広告表現においては額縁広告であっても「体験性・遭遇性」という点が重要になるのです。

また、今後SNS上で動画広告を見る機会がさらに増えると思いますが、その場合、超重要だけれど軽視されやすいメディアインサイトがあります。それは、SNSをスマホで見ている時の親指スクロールスピードは異常であるということ。スマホは個人空間なので、基本的に広告には不向きだと思います。特にスマホ動画は、ちゃんと見るかどうかの判断が一瞬でされるので、サムネイルが超重要です。

テレビでは統合シンボルの認知度を上げて、Web動画と屋外・交通ビジョンではそのシンボルを軸にターゲティングしていくというのが、一つのやり方になると思います。

進化②　広告表現のPDCA

ナイキの運動データ測定バンド「Fuelband」の開発コンセプトは「計測できないものは、向上できない」です。個人的には、広告はビジネスである一方でアートでもあるので、計測し切れない何かがあると信じたいですが、基本的にはこのコンセプトに賛成です。データでマネジメントできる部分は、徹底的にするべきだと思います。

広告表現も今までのテレビCMでは、事前・事後の調査はあるけれど、多くの場合、感覚的につくられていて、暗闇に投げ込むようにオンエアして「後は知りません」のようなことが多かったと思います。視聴者調査にしても、会議室という特異な状況で質問され、自分の感情を言語化できる能力にバラつきがある中で、いろいろな人々に聞いたところで正しいデータが出るとは思えません。ですが、デジタル広告におけるデータというのは、ユーザーの深層心理に基づくアクションも含む「行動データ」という事実型のデータであるため、ちゃんと取られたデータに関しては信憑性が非常に高いです。

デジタル化によって信頼できる行動データが得られる場合は、自分だけの視点だけでなく、受け手の反応データを加味しながら表現を修正していく、というこれまでとは違うPDCAによる広告制作法が出てきます。クリエイターは全身全霊で表現をつくるので、一度出した企画を修正することは苦手だとは思いますが、この表現のPDCA改善という波は今後、有無を言わさずやってくると思います。対応できない人は淘汰される可能性もあるのです。

進化③ 広告表現の「A／Bテスト」

広告表現のPDCAと関連して、表現の「A／Bテスト」が今後、増加するはずです。「A／

Bテスト」とは、Webページの一部分またはページそのものをAとBの2パターン用意し、どちらのほうがより効果の高い結果が得られるかを実験する方法です。アメリカのネット証券会社で「A／Bテスト」をひたすら繰り返して、証券会社の売上ランキングで全米トップ10に入った会社もあります。今までのテレビCMでも、静岡や北海道で複数パターンをテストしてから全国展開するケースがありますが、それがもっと日常化すると思われます。もちろん、誰も彼もが「A／Bテスト」をすれば成功するわけではありません。テストの精度が重要になります。

オバマ前アメリカ大統領が就任した時、ネットを駆使したさまざまな手法が話題になりましたが、マイ・バラクオバマ・ドットコムという個人献金を募るサイトでも、激しい「A／Bテスト」が行われました。たとえば、ちょっとしたデザイン違いのサイトによって、CV（コンバージョンレイト＝結果につながった割合。この場合、個人献金をしてくれた割合）が向上し、最終的に6000万ドルもの寄付金を手にしたと言われています（『A／Bテストの教科書』野口竜司、2015年）。ボタンの位置や色などを変えるだけで、大きく経済的な効果が変わったりするのです。

「A／Bテスト」を繰り返して成長につなげることを「グロースハック」と呼びます。何がビジネスの成長につながるかわからない複雑な時代の中で、この新しいグロースハックという業種に現在、世界中で多くのエリートたちが集結し始めています。

■進化④　広告表現の形状と秒数の変化

マルチディスプレイになっても、しばらくはテレビCMのリーチが圧倒的だと思うので、統合的なシンボルを中心にテレビで大きな認知を得るやり方は変わらないでしょう。ですが、テレビCMで足りないリーチの補完をするWeb動画や屋外・交通ビジョンでは、テレビCMの統合シンボルと連携しながらも、場所や時間帯、形態や秒数を考慮した表現転換が必要になります。

特に屋外・交通ビジョンは、ほんの数秒しか見てもらえないことがほとんどです。Web動画にしても、基本的には広告を見るためにそんなに長い秒数を費やさないでしょう。そこで、冒頭の瞬間的なつかみが重要になります。基本的には、いつどの瞬間に見ても何の広告かわかるようになっていないとダメで、秒数は短くなっていくでしょう（もちろん例外もあります）。映像の形状もWeb動画や一部の屋外・交通ビジョンは、タテ型の構図にすると効果が数倍になるというデータもあります。そして、コピーの文字量は基本的に10文字以下の短いものが中心になるでしょう。

■進化⑤　制作費・媒体費の低予算化

Ｗｅｂ動画は、よくも悪くも媒体費も制作費も「低い基準の値付け」がすでにされています。マスとデジタルが融合する場合は、お金の部分は安いＷｅｂ側のほうに引っぱられる可能性が高いので、制作費も媒体費も低下する可能性があります。特に制作費は、「Ａ／Ｂテスト」で複数パターンを制作したり、購買ファネルにおける認知だけでなくＣＲＭなどの領域でも動画制作が必要になり、つくるものがたくさんに増えるので制作単価が下がると思われます。

そして、簡易的な動画に関しては、クライアントが内制する動きが出るでしょうし、低予算のＣＭの制作には、テレビＣＭプロダクションではない新しい制作会社が次々と出てくると思います。広告クリエイティブ制作のピラミッドの上の高品質なＣＭや面白いヒットＣＭは、そこまで減らないと思いますが、ピラミッドの頂点より下の大半のＣＭ群が低予算化の波に飲まれる可能性があります。クライアントは、広告表現の質がたとえチープになったとしても、低価格であればチープなほうの映像を支持するかもしれません。

クリステンセン教授は、これを「ローエンド型破壊」と呼んでいます。たとえば、腕時計に価格破壊を起こしたSWATCHは現在、高級腕時計オメガの株主です。こういった安いモノが高いモノを駆逐するファスト化による「逆転現象」が、映像業界でも起きる可能性すらあるのです。広告会社とCMプロダクションは、この攻撃を防ぐ策が求められると思います。

進化⑥　新たな競合の出現

テレビCM全盛の時代は、テレビ局、広告会社、CMプロダクションと、映像制作にかかわるプレイヤーは限られていました。しかし、Web動画とテレビCMの境界線が甘くなればなるほど、デジタル系の巨大企業の参入が考えられます。コンサルやシステムインテグレーターの参入も考えられます。いずれにせよ、今までは考えられなかった思わぬ強力なコンペティターが出現する可能性があります。

進化⑦　直感的な統合シンボルの重要性

この進化に関してはかなり重要ですので、詳しく説明します。

テレビCMだけで成立していた時代と違って、今後は複数のメディアを組み合わせてリーチを確保することが多くなると思います。その場合、どんなメディアで見かけたとしても、ひと目で「あ、あの広告だな」とわかる「シンボル」は今以上に重要になります。未来を描いた映画でよく巨大なホログラフィの屋外広告を見かけますが、その多くが人物や巨大な商品などシンプルなシンボルである場合がほとんどです。情報洪水の中で複数メディアを横断して統一イメージをつくるには、こういった「シンプル」なイメージでくる必要があります。昔たくさんあったタバコの広告などに、イメージが近いかもしれません。マイルドセブン（現在は「メビウス」に改名）は「青い空と白い雲」の世界、マールボロは「カウボーイ」の世界といったようにです。

シンボルは、基本的にクライアントのロゴや商品そのものか、マークやキャラクター（タレントを含む）などがあります。配色も重要です。人は旗の下に集まります。旗は人々の士気を高めます。シンボルとは現代の旗のことです。一瞬見ただけで直感的にブランドやプロモーションの精神や内容が伝わる、印象的なシンボルをつくれたら勝ちです。強いシンボルは統合展開やシリーズ展開を容易にします。優れたシンボルは、時に文化的アイコンになります。そして、人々がそれまで抱えていた問題を解決するのです。

iPodの広告
©Apple Inc.

有名なアップル社のｉＰｏｄの統合シンボルは、ｉＰｏｄで音楽を聴きながらダンスをする若者のシルエットです。単にインパクトを上げるためにダンスをするＣＭは多いですが、ｉＰｏｄのＣＭにおけるダンスは、「音楽の民主化」によって解放された人々の象徴です。このＣＭのキャッチコピーは「Goodbye MD.」。それまでの音楽は収録楽曲数に限りがあるＭＤやＣＤなどで聴いていて、いろんな曲を聴くためにはソフトをいちいち入れ替えないとダメでした。今考えるとかなり面倒くさいものでした。しかし、ＭＰ３デバイスは当時でもすでに数万曲を入れてポケットで持ち運べるようになっていました。アップル社は機能的なことをつべこべ言うのではなく、その圧倒的な音楽デバイスによって、今までの音楽視聴における抑圧から解放された人々の喜びを表現したのです。その象徴としてのシルエットダンスアイコンです。

統合シンボルの究極は、商いの規模にもよりますが、文化的領域まで行けると理想です。そのためには商品とのにらめっこではダメだと思います。ソーシャルインサイトまで考えないといけません。つまり、時代の声に耳を傾けないといけないのです。その上で、直感的に全施策をイメージ統合する野太いアイコンであるべきなのです。複雑な多メディア時代になるほど、シンプルなシンボルは重要になるのです。「ビジュアルをデザインするな！　文化的アイコンをデザインしろ！」ということだと思います。

また、ブランドは基本的に不変ですが、その時々の時代性に合わせて常にフレッシュな存在でないといけません。ウォルト・ディズニー・ピクチャーズの統合シンボルは「シンデレラ城」です。メインターゲットの若い女性たちが憧れる要素が詰まっているパワフルなシンボルだと思います。このシンボル自体はずっと変わらないのですが、１９８０年代以降はディズニー映画の冒頭のロゴ映像は、それぞれの映画に合わせた世界観に変えて訴求しています。『トロン』の時はサイバーな感じになり、『トイ・ストーリー』の時にはコミカルな感じになっています。普遍的

就職活動の自己PRにおけるファクト訴求の有効性

言いっぱなしの自己申告	印象的な行動や体験「ファクト」を語る
私は責任感には自信があります。	NYタイムズスクエアのカウントダウンイベントで10人の多国籍スタッフを統括しました。
またか。自分で言うなよ。君の自己申告なんて真に受けるかよ。	こいつは責任感と行動力があるな。

なブランドを守りながらフレッシュに見せる好例だと思います。

幻想の世界をつくる広告の終わり

今までの広告は、マスメディアという巨大な舞台があったので、言いたいことを言い放つことが大前提でした。その多くは「送り手が一方的に伝えたいことの言いっ放し」か「虚構の世界観」が中心だったと思います。それでも、たくさん回数を訴求すれば「なんとなくそうなのかな」と思われたりもしました。しかし、リーチの減少や懐疑的な消費者の増加で、「イメージだけのメッセージ」は力を持ちにくくなった気がします。

私は東急エージェンシーの新卒採用の二次面接官を担当していますが、驚くほど多くの学生が「自分にはこういう能力がある」「責任感がある」などの抽象的な概念を、自己申告でそのままむき出しで伝えてきます。しかし、初対面で何の裏付けもない自己申告は、まったく信憑性を感じません。一方で、アピール力のある学生は能力の自己申告などほとんどしないで、自分自身がこれまでやってきたユニークで魅力的な「経験」を話してくれます。その上で面接官である私に、「この人は○○な能力がある人なんだな」と思わせてくれます。決して押し付けの自己申告ではなく、実態のある体験を通して私の判断を促してくれるのです。

言葉というものには、直接発する「実態のある言葉」だけでなく、伝えたいことを行間から浮かび上がらせる「無形の言葉」もあります。しかし、面接での自己申告の多くは、マーケティングで「知覚目標（パーセプションゴール）」と呼ばれるものを、ただそのまま言ってしまっているのです。優しい人が好きな女性に「俺って優しいぜ」と言っても無駄なように、知覚目標を直接言っても、ほとんどの場合、効果がないのです。そう思わせるために何を言うかを伝えることが重要なのです。

もちろん広告の場合は、前述したように自己申告であろうと何回も何回も伝えれば浸透したりするので、まったく同じではありませんが、年々、言いっ放しのメッセージよりも具体的な裏付けがあるメッセージのほうが刺さるようになってきた感じがします。そういったことを前提に、広告の破壊進化である「ネオ・プロモーション」について説明していきます。

3.「破壊進化」――ネオ・プロモーション

「ネオ・プロモーション」は、簡単に言うと体験型広告の進化形です。「企業の行動」や「ユーザーの体験」という「事実」に基づいて「社会文脈」と関連付けた「プロモーションコンテンツ」を、テレビCMをはじめとする「統合的なメディアプラン」で広めていく新手法です。

「体験」というと、近年、デジタル分野を中心にした「商品の購買プロセス」と「顧客接点」を「カスタマージャーニー」に当てはめて管理する、「エクスペリエンスデザイン」という概念があります。しかし、ネオ・プロモーションにおける「体験」とは、これとは少し違って、もっとシンプルな文字通り「体験型のプロモーション」という意味です。「商品の購買プロセス」のすべてに関するものではなく、「ブランド形成」や「購買喚起」が目的です。現実社会での体験が中心ですが、デジタルでの体験も含みます。

額縁型広告と体験型広告の根底にある話法は正反対

今まで **TVCM 中心額縁広告**	これからの費用対効果が良い広告 **体験中心 ネオ・プロモーション**
TVCM のイメージ表現が中心。 CMの表現を他メディア転用。	体験型の強い事実を作り 最小限のCMでリーチ拡大。

イメージの一方的な押しつけ。 「出稿量」が重要。	受け手主体で信憑性とリアリティがある表現。 「表現内容」が重要。

送り手と受け手の関係性の180°逆転

額縁広告が「情報やイメージ」の表現だとすれば、ネオ・プロモーションは「実態」を伴った「有言実行型」の表現です。大量の媒体によるパワーマーケティングの対極にあり、媒体量だけに頼らないため、アイデアと労力とフットワークを必要とします。額縁広告のマルチディスプレイが大手広告会社の手法だとすると、ネオ・プロモーションは中小広告会社が中心の手法と考えます。ただし、ある程度のテレビ媒体活用が必須と考えるため、小さ過ぎる広告会社だと実行が難しいかもしれません。ネオ・プロモーションは適切な広告予算で大きな効果を目指す手法なのです。

まず、そもそも「広告」と「プロモーショ

ン」の違いを説明します。「広告」は商品のことを広く告げることで、認知、好意度、購入意向の向上を図ることが目的です。つまり、購買行動に短期的な直結はしません。「Above the Line」とも言われます。「プロモーション」は、販売や行動を促進するSP・デジタル・屋外・交通広告などのことで、「Below the Line」とも言われます。本書では非マスという言い方もします。

以下、『ライブマーケティング』から抜粋します。

「従来では、ブランディングはマス広告、非マスはプロモーションなどといった使い分けが中心で、非マスがブランディングとして活用されることは多くなかった。（中略）ブランディングという視点で非マスを捉えなおし、ターゲットとの直接の接点を重視しつつ、そこに人々を巻き込みマス化していく、といった従来型発想とは異なる視点で、非マスの再活用が始まったのである。

（中略）例えば『ベタ付け大作戦』のような、マス広告でせっかく創ったイメージとは全く別モノの施策が行われることもしばしばある。これは、マス広告を扱う部署と非マスを扱う部署が全く別、というような組織体制をとっているためと考えられる。（中略）（プロモーション、イベント、ウェブサイトなどの、いわゆる非マスメディア施策）というふうに全く切り離され、別々のコミュニケーション内容となっていることも少なくなかった。（中略）非マスメディアは「体験型メディア」と捉えられる。つまり、特定の場や瞬間などの限定性を生かし、質的なコミュニケーションをとるのにふさわしいメディアである。（中略）体感性というと、『それは、例えばソフトドリンクでスーパー試飲会をやるというようなこと？』などといった誤解が生じることもある（中略）あくまでターゲットとする生活者の関心領域から捉えられるべきだ。（中略）ソフトドリンクの試飲会というような即物的な施策は、ターゲットの関心領域からアプローチしているとは言い難い。」（『ライブ・マーケティング』P14～61）

つまり、イベントが概念拡張してクリエイティブと融合するのです。イベントが退屈な毎日を面白くするのです。イベントが売る。そして、エンゲージメントを強くするのです。しかし、ネオ・プロモーションの場合は、イベントとクリエイティブの融合だけでなく、これに加えて次の2つの点が重要です。

①テレビCMを中心としたマルチディスプレイを活用して、プロモーションコンテンツを動画化した映像を創造的かつ効率的に強制視聴を図る。
②社会文脈との連携、人々の社会不安や自己実現など、大きな概念と広告テーマの接点を発見して関連付けて拡散性を加味することで、より多くの人に関心を持ってもらう。

キーワードは2つあります。「Story TellingからStory Doingへ」「広告をつくるな！　社会現象をつくれ！」です。

今までのように静的な世界観イメージを押し付けるものではなく、行動喚起型の「パワフルなインサイト」に基づいた、多くのメディアの中を横断的に伝達可能なメッセージでなければなりません。そのためにはイメージではなく、「企業行動・体験」という「事実」をもとに社会文脈を加味した「体験型施策」を中心として、継続性のある物語を駆使したプロモーションコンテンツ型の新しい統合メディア広告が有効であると考えます。主導権が受け手にある、いわば「広告の民主化施策」です。

ここで重要なのは、まずマス広告の枠を超えた「事実」をつくることです。ムーブメントは、

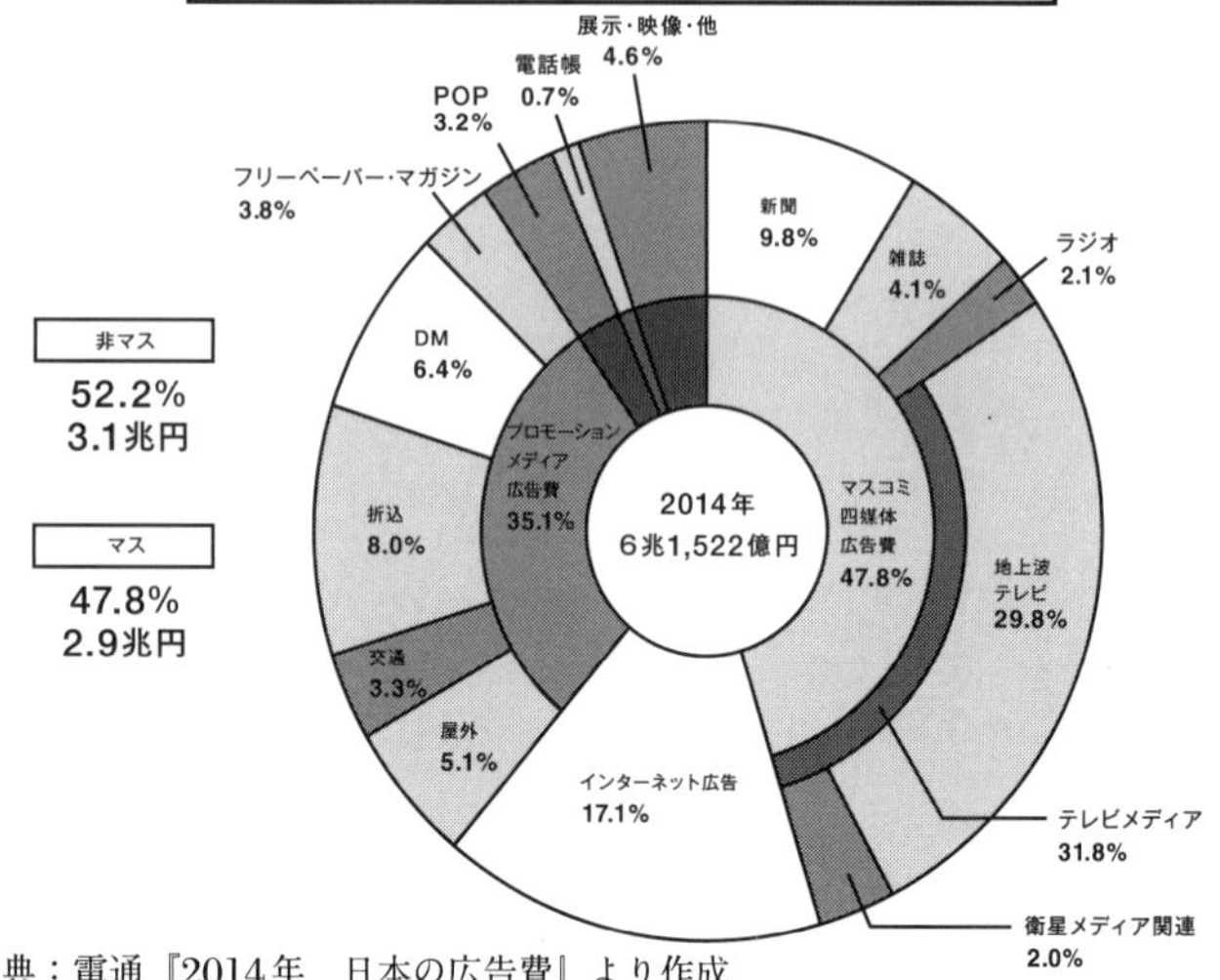

出典：電通『2014年　日本の広告費』より作成

たとえインターネット上で広まる可能性があるとしても、公園や都会の広場、路地など、現実世界で存在感を示す必要があるのです。Webだけの現象は「水面下感」が強いからです。特に企業の具体的な行動、その体験、という「ファクトづくり」が重要なのです。

上の円グラフは、マス広告とプロモーションの市場の売上を合わせたものですが、2014年時点ですでに、非マス広告のほうがマス広告よりも多くて52%もあります。もともとプロモーションの市場規模は大きいのです。一方で、プロモーションは広告会社にとって、利益率が低く儲かりにくかったですし、オペレーション効率が悪かったので、媒体として認められていないフシがありました。ですが、プロモーションのほうが生活者にとって身近で行動を起こしてもらいやすいですし、「濃い体験」というものは記憶に深く刻まれイメージストックになるのです。

現在のメディアの変化に関して、今まではテレビを中心としたマス4媒体でほとんどのことが解決していました。しかし、スマホが急激に成長したことがきっかけとなって、あらゆる手法がフラットになり始めているのです。伝えたいことを押し付けるモデルは形を変えて存続するとは思いますが、その「上から下へ」一方的にメッセージを伝えるという概念が「天地さかさま」になり、情報の送り手と受け手の関係性を逆転させたモデルが以前にも増して有効になっている気がします。テレビCMをいろいろなメディアで展開するのではなく、プロモーションやデジタルによるコンテンツをテレビCMで広げるという、これまでとは正反対のモデルがネオ・プロモーションです。

2000年頃、「モッズ・ヘア」というヘアケアブランドの広告がありました。この広告が他と決定的に違ったのは、代官山などおしゃれな場所に本当に「モッズ・ヘアブランドの美容室」があったことです。「本当に美容室を経営しているヘアケアブランド」という事実が、尋常では

モッズ・ヘアの店舗

ない説得力を生んでいました。

今までの広告は、イメージでブランディングする「Story Telling」が基本でしたが、実際の行動によって示す「Story Doing」という行動型メッセージも大切になってきます。メッセージの「裏付けが現実に存在すること」が重要なのです。

Webの急成長により「バーチャル」が肥大している反作用で、逆にリアルの価値が高まっています。「リアルな場」でのリアルなネタづくりが拡散ネタにもなりやすいのです。虚構よりも「現実」を描くほうが、コミュニケーションの効率がよいのです。ネオ・プロモーションでは、テレビCM上で単なる虚構のブランド世界を描くのではなく、「本当に存在する何か」、たとえばイベント、参加体験、展示、ポップアップストア、アプリ、応募、クイズ、ゲーミフィケーションなどSP領域の「行動を誘発」し得るリアルコンテンツ型施策が中心です。それを多メディアでストーリー化します。

クリエイティブ、メディア、テクノロジー。ネオ・プロモーションは、このバラバラだった3つを一つに結び付けますが、その中心は個人的な「感動」であるべきです。人間性を爆発させることが重要になると思います。人々の心に火をつけて行動に駆り立てることが重要なのです。今後、デジタル化、バーチャル化、メンタル化していく社会の中で、むしろ真逆のアナログ、リアル、フィジカルが重要になっていく気がします。

リアル体験先行型CMの事例

ここで、ネオ・プロモーションの着想のもとになった「リアル体験先行型CM」の事例を2つ紹介します。

スプライトのウォータースライダー型自動販売機

ご存知の方も多いと思いますが、炭酸飲料スプライトのCM事例です。コカ・コーラ社では、スプライトの爽快感が体験できるウォータースライダー型のユニークな自動販売機を設置し、人々がそれを体験するイベントの様子を映像化してテレビCMに活用しました。ちなみに、この前年にスプライトは、販売機ではないですが、ブラジルで同様の爽快体験ができる海辺のシャワー・イベントを行って大成功していたようです。こういったリアルイベントを映像化したCMを「リアル体験先行型CM」と呼ぶことにします。

コカ・コーラ社の「ヨーヨーチャンピオンが街にやってくる」

このキャンペーンは、1970年代に日本全国で行われた壮大な体験型プロモーションです。コカ・コーラ社商品のデザインのヨーヨーが日本中の駄菓子屋などで売られました。そのヨーヨーの啓蒙のために、コカ・コーラカラーの赤いブレザーを着た外国人がヨーヨーチャンピオンを名乗り、本当に街の駄菓子屋や公園に現れて子どもたちとヨーヨーの技を競い合ったのです。コカ・コーラ社はもともと、このようなイベント中心広告を多数実施していました。私が子どもの頃は、こういった現実社会を巻き込むイベント中心の広告キャンペーンが結構ありました。ワクワク感が止まりませんでした。体験を伴う長時間のブランド接触の効果はスゴイと思いました。

しかし、リアル体験先行型CMはそれほど多いとは言えません。では、なぜ少ないのでしょうか？　その理由を私は次のように推測しました。

①とにかく実行が大変：今までは普通のテレビCMでもたくさん流せば効果があったので、大変な思いをして面倒なリアル体験先行型CMをやる必要性が見出せなかった。

②SPの社内地位が低い：これまでSPは広告会社内のヒエラルキーが低く、マスクリエイターのほうが偉かった。SPは影響力があってもリーチが少ないため、マス広告のおまけ的存在だった。

③多部署を横断するのでカオス：マス広告時代は部署がバラバラでも、「がっちゃんこ」という言葉に代表されるように強引に束ねられたが、リアル体験先行型広告は全部署のハーモニーが重要。しかし、各部署が牽制し合って硬直化している。

壁はたくさんありますが、これらの課題をクリアすれば、リアル体験先行型広告のパワーは大きいと考えます。リアル体験先行型ＣＭはリアリティを伴いながら多メディア展開がしやすいので、とても今日的だと思います。

現状では、額縁広告をベースに体験施策にまで拡張すると考える人も多いかもしれませんが、額縁広告と体験広告では、中心になる話法が送り手重視、受け手重視と真逆なので、あまりオススメできません。ですがしばらくは送り手重視の額縁広告の体験拡張は乱発するでしょう。

しかしその効果の差はデジタル解析で明白になるでしょう。これはある種の思考のワナなのです。これも一種のイノベーションのジレンマ現象であるように感じます。額縁広告は基本的にはマルチディスプレイとして進化すべきなのだと思います。そしてそこにも乗り越えるべき大きな壁がいくつもあるのです。

ネオ・プロモーションは、イベントとクリエイティブの融合だけでなく「社会文脈」との連携も重要です。国内の体験広告の事例は商品世界のリアル体験で止まっている事例がほとんどです。もちろん広告の役目としてはそれで十分ですし、かなり効果が高い優れた広告であると思いますが、欧米では時々、社会文脈と巧妙に関連付けてものすごい効果をあげている事例があるのです。

そうしたネオ・プロモーションのイメージに非常に近い事例がアメリカにあったので、紹介します。スターバックス会長のハワード・シュルツ氏と国際的な広告会社ＢＢＤＯのＣＣＯ（Chief Creative Officer）が編み出した「ブランドスパークス」と呼ばれる手法です。これは、従来とは違うテレビの使い方によって、テレビＣＭの大量出稿に匹敵させる方法です。

この手法が生まれた経緯ですが、スターバックスは一世を風靡した後、しばらくしてアメリカ国内での存在感が低下したそうです。また、スターバックスは、それまで旧来的な文脈であるテレビＣＭの活用を意識的に避けてきました。しかし、大きな社会文脈と連携しながらテレビＣＭを行う手法に踏み切りました。タイミングとしては２００８年のアメリカ大統領選です。当初、アメリカ国内では54％という低い投票率が予想されていました。そこで、「投票に行ってきた」とスタバ店頭で言えば、トールサイズが1杯無料になるという一大イベントを始めたのです。

このイベントをそれだけで終わらせずに大きな話題にするために、スターバックスは選挙前報道番組で「60秒のＣＭ」を「1回だけ」オンエアしました。イメージ型のＣＭなどではなく、トールサイズ1杯無料という「イベントのＣＭ化」です。そして放映直後にフェイスブックの「アンケート型広告」と「動画広告」を活用することで、このＣＭはものすごい勢いで拡散しました。『スターバックス再生物語』（徳間書店、２０１１年）によるとフェイスブックでは動画が７５００万回も視聴されたそうです。

この事例は、イベントという「行動」が中心でテレビＣＭがサブの「行動デザイン」ですが、投票率が低い中で投票してきたことを表明する、「意識高い自己像の獲得」という社会文脈との連携があるのです。このテレビＣＭの制作費は、モーショングラフィックなのでおそらく安価。媒体費も60秒とはいえ1回だけなので、それほどではないと思います。費用対効果が非常に優れた統合メディアプランだと思います。

当然、イベントと60秒ＣＭを組み合わせれば何でもよいというわけではありません。投票率が低い選挙前日の「選挙特番」を活用するという背景の文脈が重要です。その中心になるプロモーションは、この事例の場合、４Ｐにおける「プライス（Price）」である「無料配布」です。そこにＳＰと60秒ＣＭの破壊力が組み合わさったのです。オンエアは1回だけとはいえ、抽象的な額縁イメージ訴求ではなく、トールサイズが無料で飲めて、しかもそれが投票行為という社会的行動を伴う意思表明になる、という具体的メリットを訴求するＣＭだから機能したのです。

この事例は、ネオ・プロモーションのイメージにかなり近いです。国内のリアル体験先行型Ｃ

Mの事例は商品世界の表現で止まっているものが多いですが（広告の役目としてはそれで十分なのですが）、媒体を買いまくるわけではないネオ・プロモーションにおいては拡散性が重要なので、社会文脈とのブリッジが重要になるのです。特に日本はPRが弱いため、ペイドのテレビCMで擬似的なPRのような効果を狙います。広告でPRをやるようなモデルでもあるのです。

ネオ・プロモーションの課題

ネオ・プロモーションは、複合的にメディアや手法を組み合わせる手法ですが、そう簡単なやり方ではできません。マーケティングの神様フィリップ・コトラー氏の『コトラーマーケティングの未来と日本』より抜粋します。

「いまだに日本には、マーケティングとは『十五秒の効果的なテレビCMをつくること』と見なす企業が多いように思える。それはたんなるマーケティング・コミュニケーションであり、マーケティング戦略ではない。」（『コトラーマーケティングの未来と日本』P194）

また、心理学の「現状維持の法則」が示すように、人間は自分の考え方を変えることが驚くほど苦手です。広告業界は、これまでのテレビCMによる成功体験の残像が鮮やか過ぎて、そのイメージから抜け切れない人が多いのだと思います。だから現状の広告界は、いまだにまずテレビCMの映像ありきです。しかし、今後はそうはいかないでしょう。

「少ない予算で大きな効果」というのは、広告主の永遠の願望です。そのため、マスメディアを必要以上に買わないでマスコミュニケーションを行うネオ・プロモーションは、価値があると思います。クリエイティビティの力でメディアダイエットをするのです。スマホを中心としたメディアの激変の中で、大手広告会社がオペレーション効率の悪さから軽視してきたプロモーションが形を変えて「有効な手法」になりつつあるのです。

企画の仕方も、今までとは違う新しい要素がたくさん出てきます。たとえば、複数施策が並行する場合、どの施策がコアとなって他のメディアはどう関連し、そこで何をするかといったコミュニケーション自体の構造や流れを考えることが非常に重要になってきます。これを「スクリプトデザイン」と呼びます。私も何度もスクリプトを考えたことがありますが、今までの企画が二次元だったとすると、スクリプトデザインや統合メディアプランまで含めたプランニングは完全に三次元的な脳の使い方をします。大げさかもしれませんが、ジグソーパズルからルービックキューブに変わったくらいの変化を感じます。

マス広告主導型のキャンペーンの場合、「何が中心施策か」については疑う余地もなく、文字通り「マス広告」が中心でした。しかし、今後は何が中心になるかという点から考え始めるのです。各メディアの関連性が明確でないと、施策同士のシナジー効果は生まれません。せっかくさまざまなメディアを使っても、バラバラな打ち上げ花火の連続や足し上げた「量」という従来的発想の枠を出ないと、効果は望めません。

また、ネオ・プロモーションのプランニングの中心となる職種に関してですが、今までの広告制作のマリアージュは、「コピーライター」と「アートディレクター」で「1枚の絵」と「言葉」をつくってきました。その多くは「静的」な「自己完結型」の「額縁広告」です。広告のクリエイティブとは、このことだけを指しました。もちろん現状も、額縁広告のほうが有効なケースはたくさんあります。

しかし、ネオ・プロモーションにおけるマリアージュは、「プロモーション」と「デジタル」を中心に、「民主化された体験」「企業の有言実行・行動」をもとにしてブランドストーリーをデザインしていきます。もちろん、クリエイティブをはじめ広告会社のほとんどの部署の社員が企画に関与するようになります。創造の機会の民主化です。それをテレビCM中心に広げる、リアリティのある「統合型」広告なのです。広告クリエイターは、これまで「クリエイティビティ」をファンタジックで静的なことに使い過ぎてきましたが、「行動したい」と思わせる新しい広告づくりが必要になるのです。

4. コンテンツ型CMが最強の広告だ

コンテンツとは、メディアの中身である文章、音、動画などのことです。「コンテンツマーケティング」という用語は、近年ではデジタル分野においてWebサイトで扱うブログなどのコンテンツを中心にしたマーケティングのことを意味していました。しかも、「ユーザーに見つけてもらう」ニュアンスが強かったです。

しかし、本書でいうコンテンツマーケティングとは「広告のコンテンツ化」、正確に言うと「広告のプロモーションのコンテンツ化」のこととします。デジタルコンテンツも含みますが、多くはリアル体験型コンテンツを中心としています。そして主にテレビの強制リーチも活用しますし、

マス広告とネオ・プロモーションの「メディアとコンテンツの関係」

今までのマス広告

マスメディアとコンテンツが一体化。

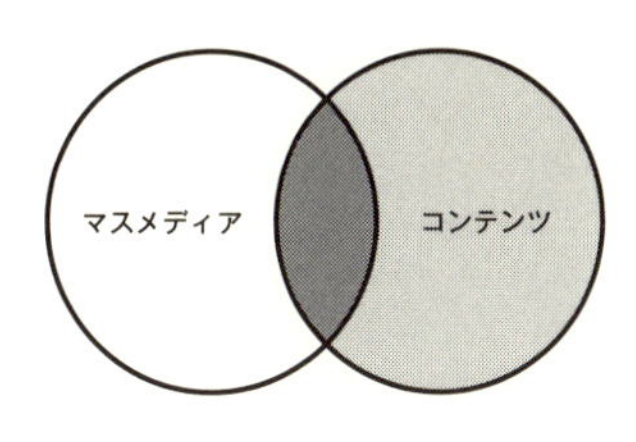

ネオ・プロモーション

特定メディアとコンテンツが切り離され
複数メディアの中心がコンテンツになる。

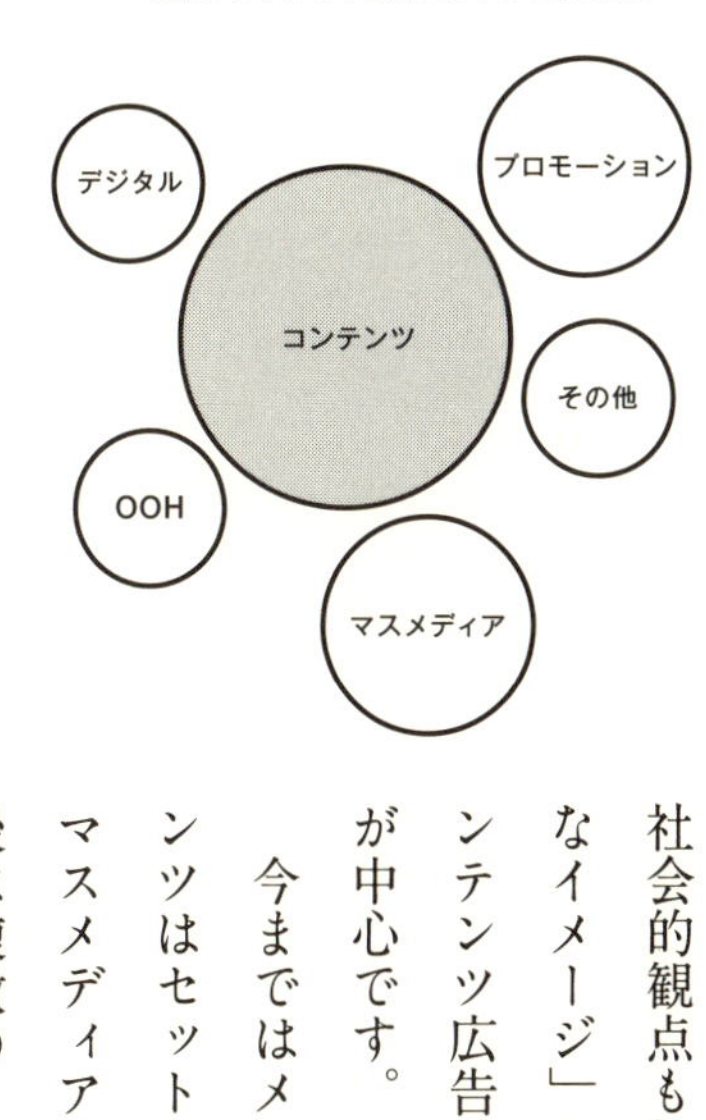

社会的観点も加味します。額縁広告が「絵画的なイメージ」で静的なものを指すのに対し、コンテンツ広告は「体験」という動的な行動施策が中心です。

今まではメディア（特にＴＶ）と広告コンテンツはセットで一体化されていました。しかし、マスメディアの接触人数が低下することで、今後は複数のメディアを使用するのは必須です。その場合の広告コンテンツは、特定のメディアとベッタリとくっついているものというより、メディアから切り離されて、あらゆるメディアを横断するに値する「独立したコンテンツ性」があることが理想です。当然、どのメディアで見ても直感的に「あ、あれだね」とわかる「統合シンボル性」があるとよいです。つまり、超情報化社会では、一部の優れた広告はコンテンツへと向かうのです。今までは超強力なテレビの虎の威を借る側面が強かったですし、それで問題なかったのですが、今後は特定のメディアから独立して成立し得る企画の野太さと「脱額縁性」が必要になります。タッチポイントに関係なく、独立した「オムニチャンネルコンテンツ」であるべきなのです。

今までのマス広告は、消費者が見たいと思うテレビ・ラジオ番組や新聞・雑誌の記事の間に挿入して、「無理やり」商品を売り込むというビジネスモデルでした。しかし、これからはテレビCMのように時間と場所が固定されたコンテンツから、時間と場所を問わないコンテンツへと変わる必要があります。そして、コンテンツの世界観を消費者と共有し、場合によっては人々がそこに参加できる「場」を設けることが有効になります。

コンテンツは関与性が強いものです。コンテンツへの深い関与は、コアファンの形成やイベント参加や商品購買などの能動的な行動として現れることが多いです。そして、コンテンツは時間が経過しても劣化しにくいのです。しかも、コンテンツは顧客との長期的な関係づくりに貢献します。一つのコンテンツを中心とした社会現象をいかにつくるかが重要で、そこにはワクワク感やハラハラ感が必要です。いずれにせよ、1％のコアなファンを味方につけることが重要です。その時のキーワードは「参加」であり、「体験」です。

広告の数％はプロモーションコンテンツになる

■ゲータレードの「REPLAY」

第1章でも触れられていますが、私が考える理想的なプロモーションコンテンツ型の事例で、数年前、全米を熱狂させたゲータレードの「REPLAY」という事例があります。アメリカで1993年、7対7で勝敗がつかないまま終わってしまった伝統ライバル校同士のアメリカンフットボールの試合がありました。15年ぶりに決着をつけるために、その試合をゲータレードが再度ブッキングしてイベント化し、当時のメンバーが全員集まりました（現在30代半ば、チアリーダーも当時のまま）。試合のチケット1万枚は90分で完売しました。そして、その試合までの道のりをドキュメンタリー番組として全米テレビ局と共同制作して展開。テレビ番組はシーズン4まで制作され、映画にもなりました。

この事例の中心にあるのはテレビCMなどの「いわゆる広告」などではなく、特殊な「スポーツイベント」です。そのコンテンツをテレビのドキュメンタリー番組や映画、Webなどにマルチユース展開したのです。また、この「REPLAY」はコンテンツとして優れているだけでなく、その根底に流れるインサイトとプランニングの野太さ、社会文脈との連携など、脱帽すべきものがあります。

アメリカでは、30歳以上になるとスポーツをやめてしまう人が多いそうです。そのため、ゲータレードの飲用機会も減少傾向にありました。使命は、もう一度スポーツを始めたいという人々の気持ちを呼び覚ますことによって、スポーツを愛する人々との感情的絆を形成すること。インサイトは、どんなに優れたアスリートであっても、「あの時エラーしていなかったら……」などと「タラレバ」を考えてしまう瞬間がありますが、スポーツにセカンドチャンスは存在しないということ。解決策は「再挑戦」する気持ちを芽生えさせること。ゲータレードが、そのセカンドチャンスを動かす「エナジー」となるというものです。「再び立ち上がる人々」を讃えるというコミュニケーション戦略をとったのです。優れたプロモーションコンテンツというものは、人々を巻き込むだけでなく、その根底にあるブランドの課題解決の視点からも優れているのです。

タニタの「タニタ食堂」

もう一つ別の事例を挙げます。コンテンツというと、この「REPLAY」のような「エンターテインメント型」をイメージしがちですが、もっと違う形もあります。ご存知の方も多いと思いますが、体重計メーカー「タニタ」の「タニタ食堂」の事例です。「ヘルシーな社員食堂」というコンテンツは、タニタに限らずメタボ関連の会社ならばどこでもできたはずです。しかも、タニタは体重計の会社であって食品の会社ではないのに、「タニタ食堂」は単なる食堂を超えて「健康的なダイエットのシンボル」になりつつあります。コンビニスイーツになったり、映画化されたりなど、シンボルが独り歩きしているのです。

そもそも、この食堂は1999年からあったらしいのですが、10年以上経ってメタボが注目されるという社会文脈と相まってブレイクしました。その意味では話題性を狙う場合、時期や時代などのタイミングはいつでもよいわけではなく、「社会文脈との距離感」が重要になります。

キリンビールの「一番搾り　フローズン〈生〉」

日本国内のプロモーションコンテンツ型広告の事例で個人的に一番やられたなと思ったのが、

キリンビール「一番搾り　フローズン〈生〉」

新商品開発とポップアップストアを中軸にしたキリンビール「一番搾り　フローズン〈生〉」の事例です。この事例の優れている点は、「体験型のポップアップストア」というプロモーションコンテンツだけでなく、それ以前に「ソフトクリームのように凍らせたビール」という独創的なプロダクトが真ん中にあるという点です。日本の夏が年々暑くなって熱帯化しつつある中での「フローズン」というコンセプトは、社会文脈も踏まえられていますし、それをちゃんとテレビCMやPRでも訴求していました。

この事例にはさまざまなヒントが隠されていると思います。私が所属するTOTBでも、伊藤園やカインズでポップアップストアの実施実績がありますが、創造的なリアル店舗を中心とした統合コミュニケーション手法には、まだまだ大きな可能性があると思っています。

クリエイティビティは広告から4Pへ

「4P」とは、アメリカのマーケティング学者ジェローム・マッカーシー氏が1960年に提唱したマーケティング分類です。マーケティングとは、当然広告だけのことではありません。①Product（製品）、②Price（価格）、③Place（流通）、④Promotion（プロモーション：広告宣伝・SP・PR・CRMなど）、これら4つの頭文字をとって「4P」からなっているのです。広告は、この4つのPの中のプロモーションに含まれる一要素でしかないのです。これら4つを組み合わせていくことが、効果的なマーケティングと考えられています。

広告で企画を考えようとする場合、テレビCM全盛の時代があまりに長かったため、マーケッターもクリエイターもクライアントも、いまだにテレビCMというプロモーションありきの大前提で考える人は多いようです。しかし、超情報化などによりフラット化が起きて、なおかつ広告主の課題も複雑になっている中で、大事なのはテレビCMをつくることではなくて「課題を解決

マーケティングミックス一覧

製品 Product	流通 Place
・製品そのもの ・ネーミング ・パッケージデザイン ・容量など	・売場の立地 ・品ぞろえ ・流通網など

価格 Price	プロモーション Promotion
・製品価格 ・値引き ・流通への割引など	・広告 ・SP ・PR ・CRMなど

すること」です。そのベストソリューションは必ずしもCMなどではなく、4Pすべてに及ぶというケースが驚くほど増えています。今までの広告人は、クリエイティビティのほとんどをマス媒体の額縁広告の表現に注ぎ込んできましたが、これからは4Pのすべての要素にクリエイティビティが注入できないかを考えるべき時代になってきたのです。

広告会社のほとんどの部署が関与して、「民主化された体験」「企業の有言実行・行動」をもとにしてブランドストーリーをデザインしていきます。そして、4Pの視点で企画をする時は「面白くしないほうがよい場合」が多々あります。細かいレトリックなどが皆無なほうが、伝わるケースが増えているのです。How to sayのクリエーションに偏っていたマス系広告人に、こういった判断ができるかという大きな課題もあると思います。というよりも、ネオ・プロモーションにおいては、クリエイターの定義が概念拡張して書き換わっていくのです。

5.「非マス」の可能性と限界

ここまで述べてきたように、今までおまけ扱いだったSP、デジタル、PR、OOH、CRMなどの「非マス」が急激なデジタル化に伴って力を持ち始めています。体験型広告のバイブルと言われるB・J・パインとJ・H・ギルモア著『経験経済』より抜粋します。

「米国における体験ビジネスの中心地であるラスベガスを考えてみよう（中略）あらゆるところに経験」が組み込まれている。（中略）経験を買う人はディズニーにならい、彼らをゲストと呼ぼう」（『経験経済』P25）

今後は、代えがきくこれまでの「商品寄りの価値」から、「経験」という価値を付加した「思い出」を残すこと、すなわち経験経済に移行していくべきなのです。

ＣＤは売れなくなりましたが、フェスの動員は世界的に激増中です。ライブビジネスは、急激に拡大しています。２００６年に９００億円だったのが、２０１５年には３２００億円に急増しています。10年で市場規模が３・５倍になっているのです。人々が「リアルな体験」を求めている一つの証拠ではないでしょうか。そして、前述した非マスのほとんどが体験施策に適しています。今までのようにテレビＣＭの額縁イメージをそのまま非マスに流用するのではなく、時には非マスを中心にキャンペーン全体を考える必要があるのです。

しかし、非マスには決定的な問題があります。それは、現状において非マスだけでは、リーチがテレビＣＭよりはるかに少ないことです。そして体験が重要ではあっても、特に日本人はメディアなどに対して受動的な人やシャイな人も多いので、実際に体験してくれる人の人数自体は少ない場合が多いのです。超巨大なイベントであっても数万人の動員が限界で、それではテレビＣＭのリーチの１００分の1以下です。しかも日本人は、広告を拡散しないときています。しかし、それでも体験は、リアリティの大元として超重要だと私は考えます。そこで、非マスを中心にして、テレビＣＭの全盛期に匹敵する効果を出そうと思ったら、まずは最低でも「普及率16％の壁」、つまり２０００万人の認知を越えないといけません。しかし、ＯＯＨやＳＰ、デジタルやＰＲの

「非マス」はどう組み合わせても、そう簡単には普及率16％の壁を越えないという問題があるのです。これを、どう解決していくのかが課題です。

体験×映像化の破壊力

体験型の広告は、単体で実施したとしても、今までの広告よりインパクトや効果が高いと思います。ただし、リーチが少ないので、企画によっては制作費との費用対効果が問われます。昨今、体験型の広告事例がブームのように増えましたが、Ｗｅｂを組み合わせてうまくいったとしても１００万人くらいのリーチで止まっているケースが大半です。業界内だけで閉じた自己満足やマニアックな事例が多いように感じます。リーチがないと結局、世の中で話題にもならないのです。リーチ的にこれまでのマス広告と差があり過ぎるので、これまでの広告のやり方の代替にはならないと思います。ヘタをすると非マス施策は、このまま一時のブームで終わる可能性すらあります。「オモシロ体験広告がたくさんあった時期が過去にあったね」みたいに。

しかし、私はリーチ的に少なくても、それでも体験型広告は今後の広告の破壊的な突破口になると考えます。そのためには、少ない人数であっても濃いリアルな体験をしてもらい、その体験

ネオ・プロモーションにおける「1次リーチ」と「2次リーチ」

1次体験リーチ	2次「体験感」リーチ
数十～数万人	**数千万人**
	※SNSやPR拡散は「プラスα」

していく様子を映像化して二次的に活用して大きなリーチを取っていくことが重要になります。むしろこの二次活用こそが、リーチ的にも大きな影響力を持ちます。そしてテレビを中心にマルチスクリーンでその映像の強制視聴を促すのです。

ネオ・プロモーションは、単なる体験広告というよりは、むしろ「新しいCMの手法」と考えたほうがよいのかもしれません。これからの効果あるCM表現手法なんだと。体験広告のCM化は次の点でよいと考えます。

①制作費：世界観型のCMよりも体験の映像化のほうが安価（場合にもよるが）。

②媒体展開力：額縁広告は多メディア展開しても平板な感じがするが、体験広告は多メディアで展開すると相乗効果が起きやすい。

③リアリティ：イメージ型よりも、現実を伴う映像のほうがリアリティがある。ＣＭでのイメージによる差別化は今後も大きく変わらないが、今までのような虚飾で静的な額縁イメージではなく、現実の行動や体験を伴った動的な体験感のあるイメージによる差別化が重要。つまり、認知のリアリティの質を変えることができる。

1％の体験と99％の傍観者

体験型の広告が重要と言っても、実際には双方向のデジタルやリアル体験型プロモーションの参加者はそこまで多くはありません。そして99％の大半の人々は、直接体験しないで端から見ている「傍観者」です。しかし「1％の人」が実際に濃い体験しているという事実を、リアリティと共に映像を通じて間接的に「99％の受動的な人々」に視聴促進すれば、これまでのテレビＣＭよりもはるかに「自分ごと感」があり、メッセージが到達しやすくなります。そして、広告主のタイプや課題にもよりますが、こういった「1％の人」の体験が「熱狂」のレベルまで達すると

「社会現象化」に近づきます。

この「1％の参加者と99％の傍観者」に関して、「一次リーチ」と「二次リーチ」という観点から説明します。まず「一次リーチ」ですが、これは1％の参加者による直接的な施策体験のことです。自分の意思で能動的に広告に関与しているので、マス広告の1リーチに比べてはるかに効果があります。また、1％の参加者は、好奇心旺盛な人が多いので、体験広告を写真に撮ってネットでシェアしてさらにリーチを増やしてくれたり、場合によっては直接他人に推奨してくれたりもします。

ただし、何度も書いているように、その接触人数には限界があります。そのため、一次リーチで終わってしまったら、もったいないです。そこで「二次リーチ」が重要になります。一次リーチの体験型広告を「映像化」するなどして（「イベントの募集」や「結果発表」なども含む）、テレビCMやWeb動画、屋外ビジョンなどで映像素材として二次利用します。99％の傍観者にとっては「間接的な接触」にはなりますが、一次リーチとは比べものにならない人数に接触可能です（メディア費次第ですが）。ちなみに、PRやSNS拡散の視点を持って企画すべきではありますが、個人的にはペイドメディアをある程度購入するのは必須だと考えます。基礎リーチをあるレベルで取って閾値を超えた上で、初めて拡散する可能性が出るのではないでしょうか。

傍観者ということに関して、ゲーム業界に「解釈のインタラクション（双方向性）」という用語があります。ゲーム内で実際にボタンを押すなどユーザーのアクションを伴うものを「インタラクション」と呼びますが、「解釈のインタラクション」とは、ボタンを押すなどの具体的な行動が伴っていなくても、ゲーム上のテキストやグラフィック表現が受け手に対して開かれていて、実際にアクションしなかったとしても「これは自分がアクションし得るモノなんだな」というふうに「心の双方向感」がある状態を指すことだそうです。体験型広告を映像化したCMには、こういった「解釈のインタラクション」、つまり「参加感」があり、額縁広告より効果がある気がします。そしてリアリティがあります。

あるクライアントの業務で体験広告の人々の反応の集計を取ったら、予想をはるかに上回る効果が出ていて、非常に高く評価されました。また、「1%と99%」というのは私の直感によるいい加減な数字で、あくまでも目安だったのですが、統計を取ったら実はこれに近い感じでもありました。マクルーハンは「メディアはメッセージだ」と言いましたが、ネオ・プロモーションにおいては「実際に体験する人（いかに少数であっても）がメッセージ」になるのです。

70%以下の認知はノイズ？

本書では、広告の接触者数である「リーチ」の話が頻繁に出てきます。私はクリエイター経験が長いのですが、これからの広告の進化で実は最も重要なのは「リーチの観点」であると考えます。マスメディアをはじめとする広告の総接触者数が減少するという大きな変化の中で、クリエイターは今後、クリエイティブの話をするだけでなく、メディアプランとコミュニケーション戦略の話も同時にしないといけないのです。

この項の表題である「70%以下の認知はノイズ」という言葉は、私がメディアプランに在籍していた時に上司から教えられた言葉でした。この言葉は、最も私の価値観を根底から変える言葉でした。私が驚いたポイントは、「70%以下の認知はノイズ」ならば、「認知1%」は当然として「認知69%」であっても同じようにノイズでしかないということです。つまり、どんなに素晴らしい広告表現をつくったとしても、認知69%ではダメなのです。認知69%は大変なことです。今、テレビCMで新商品の認知度を一気に69%取ろうとしたら、何十億円かかるのかという話です。それでも70%のラインを超えなかったら単なるノイズなのです。

70%といったら大変な人数です。日本全国で見た場合、10人に7人が知っている状態で、80

00万人にもなります。日本で社会現象を生むには、8000万人が知っている状態をつくり上げないといけないのです。ターゲティングは今後大事ですが、本当の理想はターゲットではない多くの人々にも知ってもらい、社会で乱反射して轟くことで破壊的なヒットが生まれることだと思います。ですが、マス媒体のリーチが低下する昨今、テレビCMですら70%の認知度を取るのが容易ではなくなってきました。テレビの全盛期は、テレビCMから社会現象が生まれることが頻繁にありました。しかしスマホの出現と、テレビをまったく見ない若者たちの出現によって、テレビCMだけで広告課題を解決することが困難になったのです。

そこでネオ・プロモーションでは、8000万人は無理でも、最低限のティッピングポイントである「普及率16%の壁」＝「広告接触者2000万人」を超えることが、まず第一関門と考えます。その2000万人までは、さまざまなペイドメディアの組み合わせで積み上げていきます。そして、そのネオ・プロモーションの表現内容は「社会文脈」を踏まえて、爆発点であるティッピングポイントを超えた時の拡散性を強く意識します。そこからは企画のパワーによりますが、究極の理想は破壊的な拡散によって「8000万人超え」をして「社会現象化」することを目指します。

８０００万人なんてそう簡単なワケではないですが、そのくらいを目指す志がないといけないと思っています。とにかく、広告は閾値を超えて初めて効果があるもので、超えないものは自己満足で終わります。閾値を超えないとムーブメントにならないですし、「そんなキャンペーンあったっけ?」とすぐ忘れ去られます。

メディアプランにクリエイティブを

激動の広告業界にあって、誤解をおそれずに言えば、今後最も重要なのはメディアプランだと思っています。それもオンラインとオフライン、つまりマスとデジタルの「統合メディアプラン」です。従来のマーケティングではメディアとクリエイティブは別々のものでしたが、デジタルが台頭する現在では両者は切っても切れない関係になりました。消費者はすでにオンラインとオフラインの区別なんて関係ありません。しかし、広告の送り手サイドは、いまだに部署間の壁などがネックになってオンライン&オフラインの融合はできていません。今後はどのメディアをどれだけ選択するかということが、クリエイティブの才能の一部に組み込まれるのです。

一方で、メディアプランナーと話していると、「数字に置き換えられないことは絶対に語ってはいけない」という印象を受けます。たしかに、数字で置き換えられないものは科学ではないのかもしれません。しかし、「ビジネスにおける科学は17世紀の医学と同じ程度」という名言があるように、現状は数字からこぼれ落ちる真実がたくさんあるのだと思います。データ化できないものにこそ、決定的なポイントがあったりすると思います。ただ数字を積み上げていくだけの定量的なメディアプランには、落とし穴が多いと思います。特に統合型コミュニケーションの場合、マスメディアとデジタル、PRなどのリーチはそれぞれ性質が異なるので、これまでのようなデータのみに基づく定量型メディアプランニングでは完全に行き詰まると思います。

私はデータが必要ないと言っているわけではありません。むしろデータは重要だと思っています。同時にデータを盲信しないことが大事だと思っていますし、データ化できないことでも、正しいと確信できることはプランに組み込むべきだと思っているのです。一方で、いかに正しいと確信したとしても、やっぱりそれは科学ではないから、クリエイティブ的な曖昧さで煙に巻くような形をとらざるを得ない、という歯切れが悪い結論しか今のところ出せていません。

先ほどのスターバックスの事例（P193）のように、社会文脈を考慮したテレビ番組で長尺CMを1回だけ流すというようなメディアプランは、既存のメディアプランからはほぼ出てこないので、企画系のスタッフがメディアプランまで考えないといけない気がしています（もちろん、メディアプランナーの人から定量型プランのサポートを受けながらですが）。また、こういった定性的なメディアプランの場合、メディアをたくさん売ってマージンで儲けるという、これまで広告業界の主流だったビジネスモデルではないので、フィーや成功報酬にするなど新しい報酬体系の確立も重要です。効率的なメディアの組み合わせにより、メディア費が少なくなるので、企画費も今まで同様に低いままだと広告主だけが得をするようになり、ビジネスとして不健全だからです。メディア量ではなく、企画と効果性を評価していただいてお金を稼ぐことも模索していく必要があるのです。

業界10位以内の広告会社に関して言えば、今までは、「メディア費」で何10億円ももらっていたので、クリエイティブなどは結局ビジネス的には「おまけ」でしかありませんでした。しかし、ネオ・プロモーションのモデルにおいては、適切なメディア量でメディアダイエットを実現するために複雑な企画立案&実行を含むので、メディアマージンで儲けられない分、アイデアと結果に対するフィーをいただくことが重要になると考えます。

マスと非マスの逆転融合

私は、表現の押し付けはよくないと思っていますが、メディアに関しては、押し付けを一切しない「プル型」だけでは限界があると思っています。広告は「押し売り性」から逃れられないのです。ところで現状、プロモーションコンテンツをつくって映像化などしても、それを企業自身のサイトやYouTubeだけでしか公開しないというケースが多いです。しかし、企業サイトのようなオウンドメディアは、ロイヤルユーザーの育成という観点では重要ではあると思いますが、リーチ的観点で言えば、マスメディアに、まったくかないません。YouTubeにしても、動画を置いたとしても何もしなければ99．99％拡散はしません。

そこで統合企画の中心は企業サイトやYouTubeで終わらず、「創造的かつ最低限のペイドのテレビ活用」で体験CMをオンエアするという「マスと非マスの逆転融合」が重要になると考えます。今まではテレビが上で他が下でしたが、逆転融合とは、プロモーションやデジタルが上でテレビが下になるという、今までとは関係性が逆転したモデルのことです。

現在、広告界では「テレビはもう古いよね」的な空気が蔓延し始めつつありますが、テレビはまだまだパワーがあります。それに非マスと比べものにならない量の「強制的なリーチ」があります。音声を強引に聞かせることができるのも、かなり大きいです。だから、非マスを中心にしてマスの強制リーチを組み合わせれば最強なのだと思います。特に日本では、テレビのプッシュがないと全然ムーブメント化しないで、埋もれてしまいます。テレビとＷｅｂは対立構造で語られがちで、非マスとテレビの間には深い河が流れてほぼ融合しないことが大半ですから、融合できるだけで意義があります。

つまり、ネオ・プロモーションにおけるテレビＣＭは「新しい役割を担ってもらう」ということになるのです。「プロモーションコンテンツの〝告知〟」です。これはたとえば、テレビ局の事業を見ていても、自局でイベントをやって同局のさまざまな人気番組でイベント誘引を行ったりしていますが、その形に近いです。イベントの告知としてテレビＣＭを位置付けた場合、まだまだテレビには破壊的な力があると思います。ちなみに、予算的にテレビがどうしても難しい場合は、ターゲティングしたＷｅｂ動画を活用して体験を映像化し、潜在顧客層を狙い撃ちして訴求するのがよいと思います。

マスと非マスの逆転融合の事例

ネオ・プロモーションにおける「マスと非マスを逆転」させた「リーチ拡散の手法」は、次のようになると考えます。

［松］テレビ番組化（例）ゲータレード「ＲＥＰＬＡＹ」
［竹］効率的長尺ＣＭ（例）スターバックス「選挙投票で無料」
［梅］イベント型15秒ＣＭ（例）スプライト「ウォータースライダー型自動販売機」
［笹］Ｗｅｂ動画（ＡＶＰ）・交通広告（サイネージやポスター告知）

ここで、私自身が携わった「マスと非マスの逆転融合」の事例を2つ見ていただきたいと思います。

1 テレビ番組化 ― ＮＨＫ三陸スマイルトレイン

テーマは東日本大震災です。震災から5年が経過した2016年3月、ＮＨＫでは3日間にわたって長時間生放送番組を企画。政府の5年間にわたる「集中復興期間」も終了する中で、東日本大震災を風化させないよう、人々の記憶を今後につないでいこうというNHKの企画をサポートするのがミッションでした。

そういった意味でこのケースは特殊で、しかもテレビとの連携といっても、公共放送のNHKなので特に特殊な事例ではあります。ですが、このメディアプランの考え方は商品広告などへの応用も可能だと思っていますし、私自身、「ネオ・プロモーション」の着想のきっかけになりました。そして今後、広告は商品の広告だけでなく「社会課題の解決」というフィールドに概念拡張していくと思っています。

このプロモーションの内容は、岩手県の海岸沿いを走る復興のシンボル「三陸鉄道」の車体をデジタル参加型のラッピング電車にして、NHKの特別番組の柱にするというものです。車体OOHとデジタル参加とテレビ番組の複合型プロモーションコンテンツです。

まず、日本中の人々の笑顔と東北への応援メッセージを募集しました。デジタルの笑顔判定技術を活用して、応募してもらいました。その笑顔とメッセージを三陸鉄道の車体に本当に貼って、岩手沿岸を運行しました。一般の方々からの応募だけでなく、震災がテーマのNHKドラマとも連携して、松下奈緒さんや松坂慶子さんをはじめとする総勢30人の芸能人の方からのメッセージもいただきました。日テレの24時間テレビのマラソンのように、このラッピング電車はNHKの3日間に亘る震災番組の目玉企画で、総計で2時間近く番組内露出をして、震災の記憶の風化を防ぐことに貢献しました。

効率的長尺CM－NHKワールド

NHKは、2014年時点で「NHKワールド」として世界中の国と地域で放送されていました。視聴可能世帯数は2億6千万です。この事例は、NHKワールドの「放送局としての存在感」をさらに打ち出して「視聴の維持」や「新たな視聴者の獲得」に貢献するという目的で制作した、NHKとWebの連携による「クイズ型のプロモーション」です。日本ではオンエアしていないのでご存知ない方も多いと思いますが、世界中でオンエアしました。

まずテレビの30秒スポットで手品の映像を流して、「このタネがわかりますか?」と問いかけます。そして、NHKワールドのWebサイトで手品を別の角度から撮影した映像を見れば、タネがわかるというものです。メッセージは「視点を変えれば、世界が変わる」です。イギリスの

ＢＢＣ放送からも取材を受けるなど、世界中で拡散しました。Ｗｅｂが主でテレビがサブになり、世界中で謎解きを発表してサイトに誘導する映像プロモーションコンテンツです。

6. 広告をつくるな！　社会現象をつくれ！

現在、ネット時代になって次から次へと面白ネタが出てきては、すぐに飽きられています。プロがつくったコンテンツもあれば、一般の人が大振りして芯に当たったような破壊的コンテンツもあります。匿名性に乗じて乱暴な破壊力がある禁じ手なコンテンツもあります。面白ネタの消費サイクルが尋常でなく早まっているのです。ですから、広告という表現分野において、面白さだけで競争するのは、もちろん時と場合にもよりますが、危険なのかなと思っています。ダグラス・Ｂ・ホルト氏の『ブランドが神話になる日』という名著には、以下のような記述があります。

「ブランドが多くの文化産業の製品と同じように単に娯楽をもたらすだけなのだとしたら、もとより条件は不利である。私たちは文化的コンテンツの飽和状態のなかにいるのだから。(中略)エンタテインメントとしての価値という点で、わずか三〇秒のＣＭがどうやって映画やロックコンサートに対抗できるというのか。あるいは、スポンサー企業によってプロットが歪められた映画を人々が見たがるだろうか。現代のブランドにとって最大のチャンスは、娯楽を提供することではなく、人々のアイデンティティ不安を和らげる神話を提供することにある。そのためには、企業はマーケティング予算をハリウッドに注ぎ込むよりも、過去半世紀において最も成功を収めたブランドの前例に倣ったほうがうまくいくだろう。ブランドは、社会における最も厄介な矛盾に対応する神話を演じることによって、文化的イコンになるのである。」（『ブランドが神話になる日』P３４３）

また、マーケティングの神様フィリップ・コトラー氏の『コトラーのマーケティング４・０』によれば、今後のマーケティングは「オンラインとオフラインを統合した自己実現のマーケティング」になるといいます。そういったことに鑑みると、拡散を意識する場合はオモシロ系よりも、自己実現の支援・社会問題の解決で拡散をつくるほうがいろいろ健全なのかなと思いつつあります。事例を紹介します。

■「世界一幸せな仕事」の事例

この「世界一幸せな仕事」とは、2009年にオーストラリアで、1年間グレートバリアリーフのハミルトン島の管理人になってブログで島の魅力を公開するだけで、当時の日本円に換算して年収840万円もの大金をもらえるという仕事を全世界で募集したものです。日本人も一人、最終選考に残りテレビなどで取材されていました。

この企画はリーマンショック直後、全世界的に仕事がなくなる人が続出して、既存の仕事もまったく楽しくなくなってきたタイミングで実施されました。こういった不幸な社会状況と「世界一幸せな仕事」との間の大きなコントラストが絶大な効果を生み、世界中の注目を浴びたのです。アイデンティティ不安や自己実現への欲求、社会課題の解決という大勢の人々の関心事と関連付けることができれば、関心を持たれる可能性が大きく上がるのだと思います。

ネオ・プロモーションのキーワードは「広告をつくるな！　社会現象をつくれ！」です。基本的に広告の仕事は、クライアントから依頼された広告目的が達成されれば、ちゃんと仕事をしたことになります。しかし、ネオ・プロモーションにおいては、人々との深い心のつながりと、メディア利用を必要最低限に抑える効率化が重要になるため、クライアントからのオーダーだけに応えてもダメな場合が多いのです。たとえクライアントが求めていなくても、社会現象にすることを目指すのがネオ・プロモーションなのです。

社会現象は、ターゲティング広告ではつくれないと思います。そしてターゲティング広告は、数年内に自動化されて人間の仕事ではなくなるかもしれません。部外者まで知って社会で乱反射して轟くムダが、ムーブメントを生むのです。それが今後、人間がやるべき仕事なのではないでしょうか。その時にはできるだけ世の中で話題になるように、「Think Big」であることが重要だと思います。

「ゆるい参加」であること

体験型広告の中でも特に屋外広告における体験型施策に関して言えば、道行く人は広告などにそう簡単に関与してくれません。ですので、かなり障壁が低い体験や「体験感」があるだけでもよいと考えます。例外を除いて基本的に広告においては、受け手の能動参加を期待してはダメだと思います。せいぜい「ゆるい参加」が限界なのです。私がかかわった事例で、ＪＲＡのジャパンカップのプロモーション「ステーションケイバ」の話をします。この広告は、東京屋外広告コンクール・東京都知事賞やデジタルサイネージアワードを受賞しています。

この事例は、通常はポスター広告を掲出している新宿駅地下のコンコースに、全長15m、高さ2mの巨大サイネージを設置しました。床に芝を敷き、柱はハロン棒デザインにして、周辺を競馬場のような空間にしました。サイネージ上に時速70㎞で走る競走馬の映像を流し、道行く人が競走馬と対決できるようにしました。当然、大半の人は対決しませんが、何人かが対決して走っているだけで、その空間のインパクトが格段に上がりました。体験は、してもしなくてもよい、する場合も気軽にできるものであるのが理想なのです。

体験と物語の究極形「ゲーミフィケーション」

ゲーミフィケーションとは、コミュニケーションや課題解決のためにゲームの技術やプロセスを応用することです。私はこのゲーミフィケーションが今後の広告業界の中で、かなり重要なカギになる気がしています。強烈なパラダイムシフトが起きている現在、ゲーミフィケーションは広告業界に立ちはだかるさまざまな問題を解決する気がしています。ゲームは、私たちの行動を何か巨大で壮大な意味を持つものにしてくれるのです。

大半の広告というものは、実施直後のアタマに大きな話題性の山を持たせるのには適していますが、実際には効果が「短期的」でしかない場合がほとんどです。広告出稿が終わったらすぐにもとの状態に戻ったりします。たとえインパクトがある広告表現であったとしても、人間は飽きる動物なのです。効果は予想以上に持続しません。そのため、話題性の山を急激に下げるのではなく、Ｗｅｂを中心にその山を維持していくことが必要です。その最も有効な継続手段はイベント化であり、究極はゲーミフィケーション化でないかと考えます。インパクト施策で話題の山をまずつくり、その話題を維持して、広告を単なる一つの山で終わらせないことが重要なのです。

「ポケモンＧＯ」には、私もどっぷりハマってみました。コイキングをつかまえるために早朝の川沿いに行って蚊に刺されまくるという、リアルとバーチャルが融合した今までにない不思議な体験をしました。このゲームの中には、他にも人間を行動に駆り立てるポイントが満ちていると思いました。しかし、この事例はいろいろと特殊なので、まったく同じようなことを広告でもすべきと言っているわけではないのですが、「ポケモンＧＯ」のような世界中の人々を行動に駆り立てたトテツモナイ現象が実際に起きたことが重要と思っています。世界中の哲学者などが

「あれは何だったのか?」といまだに研究しているそうです。

ゲームのよい点は、映画などと違ってユーザー一人ひとりにそれぞれの物語を提供できる点です。急激なデジタル化の反作用が起きて、リアルな体験やアナログな行動の潜在欲求が、特に若者たちの間で盛り上がり始めている気がします。「経験経済圏」が出現しているのです。リアル体験の価値は予想以上にあると思うのです。

また、ゲーミフィケーションは、顧客情報を集めるための理想的な手法でもあるのです。

マイ・バラクオバマ・ドットコム

オバマ前アメリカ大統領が当選した時に、まさにゲーミフィケーションによる「社会比較」が活用されていました。前述したオバマ氏への個人献金を募る「マイ・バラクオバマ・ドットコム」(P172)では、人々の献金額を可視化して、友人や他人との間で社会比較を促進しました。その結果、対立候補のマケイン氏の個人献金が3・6億ドルだったのに対して、オバマ氏は2倍以上の7・5億ドルだったのです。

『バットマン　ビギンズ』のゲーミフィケーション

映画『バットマン　ビギンズ』では、公開1年前から壮大な謎解き型のゲーミフィケーションが実施されました。まずはじめに、一般的なバットマンのサイトで情報通知登録をした人々に、ある日唐突に身に覚えのない意味不明なメールが送りつけられ、宝探しが一斉にスタートしました。そのパズルは1人で解くには膨大過ぎるものでしたが、集合知を使ってみんなで解いていくという、今までではは考えられなかった代替現実による物語体験を提供したのです。たとえば、空に飛行機で書いた文字で謎の電話番号を表示したり、あるケーキ屋さんで買ったケーキの中から携帯電話が出てきたりなど。これらのヒントを目撃するのはごくわずかの人ですが、彼らがその情報をネットにあげることで、パズルのピースの一つひとつが紡ぎ上がっていき、参加者全員に謎の全体像が見えてくるのです。

そして、ゲーミフィケーションによってブランド世界に人々が引き込まれると、ブランドと人々の境界線が曖昧になります。さらに現実と非現実の境界線も曖昧になります。ゲーミフィケーションのキーワードは、①送り手と受け手の対等な関係、②押し付けでなく人々が自発的に盛り上がる場の運営と管理、③受け手が完成させる物語、だと思います。デジタル化すればするほど、反作用で逆に現実社会をリアルに「体験」して他人に伝えたい、という欲求が高まります。そして人々は物語に飢えています。だからこそ、一部の優れたストーリーマーケティングは、大成功を収めるのです。ゲームは、物語を受け手に体験してもらう最も優れた手法なのです。

■HOME'Sの「史上最強の難問」

私も以前、ゲーミフィケーションを手掛けたことがあるので、紹介させていただきます。不動産ポータルサイトHOME'Sの「史上最強の難問」という一般参加のクイズ応募キャンペーンです。不動産物件の間取り図自体が暗号になっていて、解読した人は港区の高級物件に2年間住める権利が当たるというものです。めざましテレビやズームイン!!SUPER、やじうまプラスなどさまざまなテレビ番組で取り上げられ、総制作費と媒体費の10倍以上のPR拡散効果がありました。

難問の制作はIQ148以上の団体メンサ日本支部が考えて、その難問を渋谷駅の東急東横店のビッグシートという巨大な屋外広告で発表しました。キャンペーンサイトのPV数が1日8万PVの時点で新聞の記事になりましたが、最終的には最高で1日81万PVにもなりました。難問のヒント映像はビデオカメラで撮影してパソコンで編集した簡易なものだったにもかかわらず、YouTubeで約100万回視聴されました。

この事例では、いくつか画期的な点があります。一番大きいのは、世の中の反応を受けて制作物の内容を変えるという、「広告表現のPDCA」を実行したことです。今までのマス広告は、つくったら入稿して終わりという場合がほとんどでしたが、このHOME'Sの事例ではキャンペーン進行中にリアルタイムで受け手の反応を反映して、流動的に広告表現を変えたのです。いろいろなWebでの反応を見たり、キャンペーンサイトを解析ツールで見たりすると、難問に対する人々の考察が手に取るようにわかったので、答えにたどり着かないレベルで映像を使ってヒントを出しました。世の中との遊びをしているような感覚になりました。

この仕事は当時、社内のどの部署に当てはまるかわからない点が多々ある業務だったので、さまざまな部署から集まった精鋭が自分の部署を超えて運営しました。また、キャンペーンの各所にクリエイティビティを発揮するポイントがあって、世の中の反応を見ながら日々アジャストしていくので、広告をつくっているというより、プロモーションコンテンツを編集者感覚で運営していくような感じでした。この時、今後のクリエイティブは、今までの個人性の強いクリエイターという狭い定義を超えて、広告会社のほとんどの部署がクリエイティビティを発揮するようになる予感がしました。クリエイティブは個人戦から団体戦になると思いました。このキャンペーンの反省点としては、難問の発表や経過・結果報告などの際にテレビCMを少しでもいいから使うべきだったと思っています。

7. CSVは机上の空論ではない

近年、広告業界では「コモディティ化」という言葉を耳にします。コモディティ化とは、商品機能での差別化が困難な飽和状態のことを言います。つまり、どの商品も似ていて、みんな違いがよくわかっていない状態のことです。現在、あらゆる産業でコモディティ化が起きていて、消費者は各商品の違いをそれほど認識できず、結局、消去法か広告などでよく知っている商品や、値段か、パッケージやネーミングで買っているのが実情です。

そんな中、近年、広告業界では「CSV」という用語を聞くようになりました。第1章でも触れられていますが、CSVとは、「Creating Shared Value」の頭文字をとったもので、「共通価値の創造」という意味です。社員にやりがいをもたらし、社会をよい方向に変えつつ、企業の競争力を強化するという考え方です。

もともと、広告業界には以前からCSVと似た概念の「CSR」というものがありました。CSRは「企業の社会的責任」という意味です。どちらかと言えば、見返りをそれほど求めずに企業市民として社会によいことをしようというボランティア的な概念でした。これに対してCSVは、コモディティ化が激しい現在、商品機能での差別化は困難であり、企業意思と行動こそが今後の決定的な差別化点になるというものです。ただ単に漠然とよいことをするのではなく、「自社の事業を通じて」社会課題を解決するのです。

CSV的な概念が今後の重要な差別化点になると仮定すると、今までの広告のように商品のよさや世界観だけを一方的にゴリ押しするのではなく、人々の自己実現や社会不安を解消するソーシャルインサイトが重要になってくると思います。

ところでみなさんは、どんなプロモーションに参加したら家族や友人に誇れますか？　ゲーミフィケーションは「Social Good」と呼ばれる社会的によいことをするという考え方と、相性がいいのです。「Global CSR Study」という2015年の調査では、消費者の90%以上が「利益の追求のみならず社会課題に責任を果たすこと」を企業に求めています。そもそもほとんどの企業のビジョンが本来、「世の中をよくすること」にあります。今後、広告を超えて人と社会のために役立つというのが理想的なクリエイティブではないでしょうか。

CSVの事例

■ベネトンの社会的広告群

まず先駆的な事例として個人的に思い浮かぶのが、1980年代後半から1990年代にかけて世界中で展開されたファッションブランド「ベネトン」の一連の広告群です。広告スペースを通じて、さまざまな社会問題に対する強烈な問いかけを世界中でしました。たとえば、「不当労働で虐げられる子どもたちの写真」や「ボスニア紛争で戦死した兵士が最後に着ていた軍服を、家族の許可を取って全面広告で扱う」などです。テレビCMを使わずに、屋外広告と新聞・雑誌広告を中心に展開されていました。ファッションとはまったく関係ない、自社の商品すら扱っていない広告でした。私は大学生の時に街の巨大看板で、エイズで亡くなる直前に家族に見守られ

ネオ・プロモーションの「コンセプト範囲」

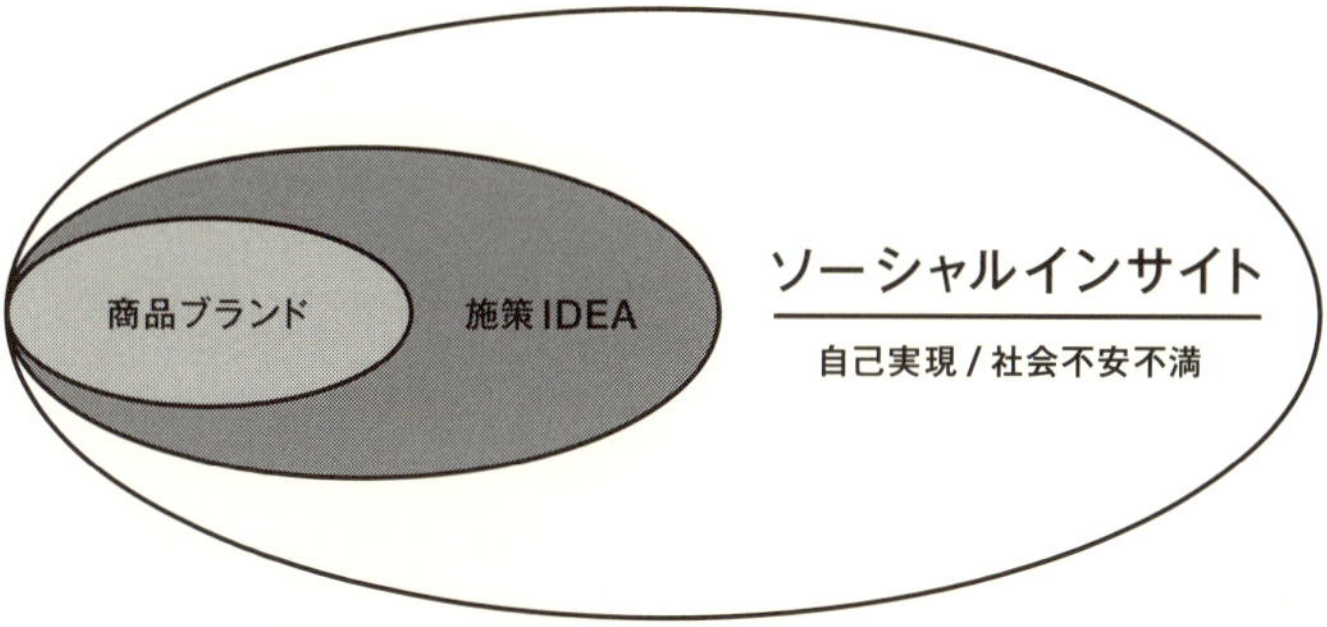

商品ブランド

施策IDEA

ソーシャルインサイト

自己実現／社会不安不満

る男性の写真を宗教画のように加工したベネトン広告を見かけたのですが、何と言っていいかわからないほど衝撃を受けました。

当時のベネトンのアートディレクターであるオリビエーロ・トスカーニ氏は著書『広告は私たちに微笑みかける死体』の中で次のように発言しています。「広告とは公衆に捧げられるものである。（中略）人道的な大義に一役買ったり（中略）偉大な発見を一般に普及させ、大衆を教育し、有益なものとも、時代の先駆者ともなりえる。なのに、何という無駄使い！」ベネトンのようにここまで過激な広告はさすがに難しいですし、広告表現と商品とのブリッジはもっと必要だとは思いますが、このトスカーニ氏の精神は今こそ形を変えて甦るべきではないかと思っています。ちなみに、この広告を採用してからベネトンの売上は飛躍的に伸びました。炎上マーケティング的な側面もあるので、完全に褒められるものではないかもしれませんが、学ぶべき点がある気がします。

■フォールディング@ホーム

これは広告ではないのですが、今後のＣＳＶ型広告のヒントにできるSocialGoodとゲーミフィケーションの融合事例です。「フォールディング@ホーム」は、「君がプレイステーション３を持っているなら命を救う活動を始めよう。〝現実世界の命〟をだ」「バーチャルな命を救っていない時は、リアルな命を救う手助けをしよう」という掛け声の下、世界中で始まったスタンフォード大学が中心となった分散コンピューティングプロジェクトです。

目的は、ガンの治癒の決定打になると言われる「タンパク質の折りたたみ方（フォールディング）」の解明ですが、その計算は複雑でスーパーコンピューターでもできませんでした。そのため作業をいくつかのプロセスに分割して、高速化する必要がありました。実はこの作業には、パソコンよりも家庭用ゲーム機である「プレイステーション３」が適していたのです。そこで、個々のプレイステーション3をネット経由でつないで、複雑な計算タスクのための巨大なバーチャルスーパーコンピューターを構築したのです。

参加者は、自分のプレイステーション3を使っていない時に、タンパク質の折りたたみシミュレーションのために計算能力を提供します。このシミュレーションが実行される様子を見ることができますし、自分がこのプロジェクトにどれくらい貢献できたか把握することも可能です。ネットコミュニティでは、「最近ガンを治してる?」とか「人類のために君の役目を果たそう」「君のプレイステーション3がそれをやるかどうか、決めるのは君だ」などの会話がなされました。このような壮大な文脈があったのですから、ゲーマーたちが立ち上がったのは当然です。彼らは途方もなく大きな目標に貢献する機会を待ち望んでいたのです。このプロジェクトには6つの大陸で100万人以上の人々が参加しました。プレイステーション3のネットワーク接続のうち、25人に1人が参加していることになります。最終目標は、なんとみんなでノーベル賞を獲ることだそうです。

ゲームは私たちの毎日の生活を楽しくするだけではありません。社会的な問題をみんなで解決することに向いているのです。そして、このフォールディング@ホームの事例は、壮大なことをしている割には参加のハードルが低くて、「ゆるい参加」である点もいいなと思います。

ポカリスエットの50円販売機

ＣＳＶ系の国内事例を一つ。ポカリスエットが熱中症対策に優れていることを訴求するために、工事現場に50円でポカリスエットの販売機を置いた事例です。ただ単にテレビＣＭなどで「熱中症対策にはポカリスエット」と呼びかけるのではなく、事実を伴った活動をＰＲするほうがはるかに心に刺さる気がします。少なくとも私は1万ＧＲＰのテレビＣＭを見るよりも、この50円販売機のニュースを聞いて「熱中症にはポカリなんだな」と思えました。

今日の文化においてブランドは、外部の世界への関心があるかどうかで判断されます。企業やブランドは、その活動が一貫したものかどうか常に大衆に監視されています。いわば、ブランドの行うあらゆることが広告になるのです。「わが社はこの世界のことを真剣に考えている」という精神の下に、企業文化が育まれていくはずなのです。自社が世界を変える手助けをするのだと心から信じるのです。大衆をそのトレンドに惹き付けるようなコンテンツ、活動、ツール、イベント、コミュニティを考案するのです。そのためには、消費者だけでなく社会と文化を理解する組織をつくるべきです。国際的広告会社ネットワークであるDDBの創始者であり、20世紀広告人が選ぶ歴代世界一のクリエイターに選ばれたウィリアム・バーンバック氏の名言で、このCSVのパートを締めさせていただきます。

「プロとしてマスメディアを使う人間は皆、社会に影響を与えます。社会を通俗化することもできますし、非道に扱うこともできます。同時に、より高いレベルに引き上げることもできるのです。」

8. 重要な何かを象徴せよ ― ビジョンはあるか？

私は、販売促進は重要だと思っていますし、ネオ・プロモーションは「広告」と「販売促進（SP）」のハイブリッドでもあります。しかし、キャンベルスープ元社長ベヴ・マーフィー氏の「販促には、販売曲線を一時的によじれさせる以上のことはできない」という名言もあるように、販売促進には限界もあると考えます。マーケティングとは「顧客の開発と維持」だという定義がありますが、これまでの広告活動においてはとかく「顧客の開発」、つまり「どれだけ新しいお客さんが買ってくれたか」だけで効果が問われることがほとんどでした。しかし、あらゆる業種の産業で成長が飽和化した現代社会では、「顧客の開発」よりも「顧客の維持」のほうが重要になるケースが多いと言われています。フレッド・ライエルド氏の著書『The Loyalty Effect』によると、「新規の顧客を獲得」するよりも「今買っている顧客との関係を深めて離脱を防ぐ」ほうが7分の1のコストで済む、というものがあります。この理論の概要は以下のようなものです。

■新規顧客の獲得には既存顧客を満足させて維持する場合の5倍から10倍のコストがかかる。
■平均的な企業は年間に10%から20%の顧客を失っている。
■業種によって差はあるものの顧客離反率を5%低下させれば利益は25%から85%増加する。
■顧客一人あたりの利益率は、維持された顧客の生涯を通じて増加する傾向にある。

つまり、大声で買ってくれという広告をやって利那的な客を一時的に呼び込むよりも、しかるべき顧客と関係を深めて「生涯顧客」になってもらったほうが、賢明で誠実で、なおかつマーケティングコストもかからないということだと思います。効果指標も短期的なセールスだけでなく、「ライフタイム・バリュー(Life Time Value)」と呼ばれる顧客生涯価値(客単価×購入回数)との関係性が重要になってくると思います。

日本の場合は次々と新商品がスクラップ&ビルドされて長期的なブランドをつくっている余裕がなく、依然として「顧客の開発」が重視される傾向が強いようです。けれど、マーケティングを賢明に行おうとするなら、やはりブランド育成型、生涯顧客醸成型のほうが有効だと思います。ほとんどの商品はeコマースで購買し、ブランドなんて関係ないという人もいるかもしれませんが、eコマースではなく店頭で非計画購買する商品はまだまだ多いので、多くのカテゴリーでブランド論は生き残ると思います。

タイムズ紙が選ぶ世界三大広告人の一人、天才クリエイターのデイヴィッド・オグルヴィ氏の名著『「売る」広告』から一部抜粋します。

「当時は、『長期的効果』といったことを語る広告人は頭から馬鹿にしていました。そして、『長期的効果を盾にしている』と非難したものです。『長期的効果をアリバイにして、利益の上がる広告の一本すらつくれないのをごまかしている』と糾弾したのです。そんな偏狭な考え方をしていた頃の私は、すべての広告は一本ごとに一人立ちすべきであって、その広告スペースにかけたコストに見合った利益を出すべく、商品を売るものだと考えていたのです。しかし今では、（中略）『すべての広告はブランドイメージという複雑なシンボルに貢献すべきである』と信じるに到りました。（中略）長期的に見れば、広告によって、もっともよい『イメージ』、もっともはっきりした『個性』を確立することに邁進した企業こそ、最大のマーケットシェアを獲得し、最大の利益を得られます。」（デイヴィッド・オグルヴィ『「売る」広告』P１０６）

ブランド形成にとって重要なのは、そのブランドに「人間のような人格」を与える「ブランドパーソナリティ」という点、そして最も重要なのが、そのブランドの意志である「ブランドビジョン」です。ビジョンがない広告主、商品、広告は、長続きしません。ビジョンとは、関係者を奮い立たせるものでなくてはなりません。ビジョンとは、人を大胆不敵にさせるものでなければならないのです。優れたブランドはみな一つの視点を選んでいます。それぞれ自分の話し方を持っているのです。ブランドとは「固有の約束」と豊富な連想の集合体という定義がありますが、この「固有の約束」ということに関して、私の所属する東急エージェンシーの出版部から出ている超名著『売れるもマーケ　当たるもマーケ　マーケティング22の法則』（アル・ライズ&ジャック・トラウト共著）という本の中の「集中の法則」から一部抜粋します。

「見込客の心の中に一つの言葉を植えつける方法をみつけることができれば、信じがたいほどの成功を収めることが可能である。複雑な言葉である必要はない。独自な言葉である必要もない。辞書からすぐに引っ張りだせるような、簡単な言葉がベストである。（中略）ただ一個の言葉、ないしはコンセプトに焦点をしぼり込むことによって、心の中にそれを〝焼き付ける〟のである。これこそ究極のマーケティング（中略）あなたの会社が一番手でない場合には、植え付ける言葉はいっそう焦点を絞り込んだものでなくてはならない。しかしそれ以上に大切なのは、その言葉があなたのカテゴリーの中で〝使用可能な〟言葉であることだ。（中略）最も効果的な言葉は、簡潔で、利点を伝える言葉である。商品がどのように複雑なものであれ、また市場のニーズがどのように複雑であれ、複数ではなく、ただ一つの言葉、あるいは利点に焦点を合わせる方がベターである。（中略）マーケティングの基本は、焦点を絞り込むことである。活動の領域を絞れば絞るほど、立場が強力になる。なにもかも追い掛けているようでは、結局なにもモノにはできない。」（『売れるもマーケ当たるもマーケ　マーケティング22の法則』Ｐ57など）

バーンバック氏の名言で「広告は言葉のビジネスだ」というものがあります。ここでいう言葉とは、実際に書かれた文字列としての言葉というよりは、人々が頭の中で浮かべる無形の言葉のことです。こういったブランドのビジョンに基づくシンプルな「一つの言葉」をどこまで自社のものとして占有できるかが、ブランディングにおける重要なポイントなのだと思います。

集中の法則における「一つの言葉」は、人々が日々の生活を過ごす中で重要な何かを象徴するものであることが理想です。それは商品説明などのように案外簡単に真似されやすい具体的なポイントではなく、高次元の普遍的概念という抽象的なポイントだと思います。たとえば、メルセデス・ベンツならば「人生における成功の象徴となる」、モエ・エ・シャンドンならば「お祝いの場をつくり出す」、ＩＢＭならば「賢い地球を築くソリューション」というようにです。

また、ブランド広告で重要なのが「意味ネットワーク」の結び付きです。イメージとイメージの結び付きのことです。ブランドと施策の持つ「意味合い」のつながりに違和感ないことが重要なのです。意味ネットワークのつながりが弱いと、記憶に残りにくいのです。バーンバック氏の名言で「逆立ちしている男のビジュアルがあれば目立つが、意味なく逆立ちしているのはダメ。これが逆さになっても物が落ちないポケットがあるズボンの広告ならＯＫ」というものがあります。目立つためのアクロバットは、商品に着地できて初めて意味があるのです。着地できない場合は、転げまわるのみなのです。

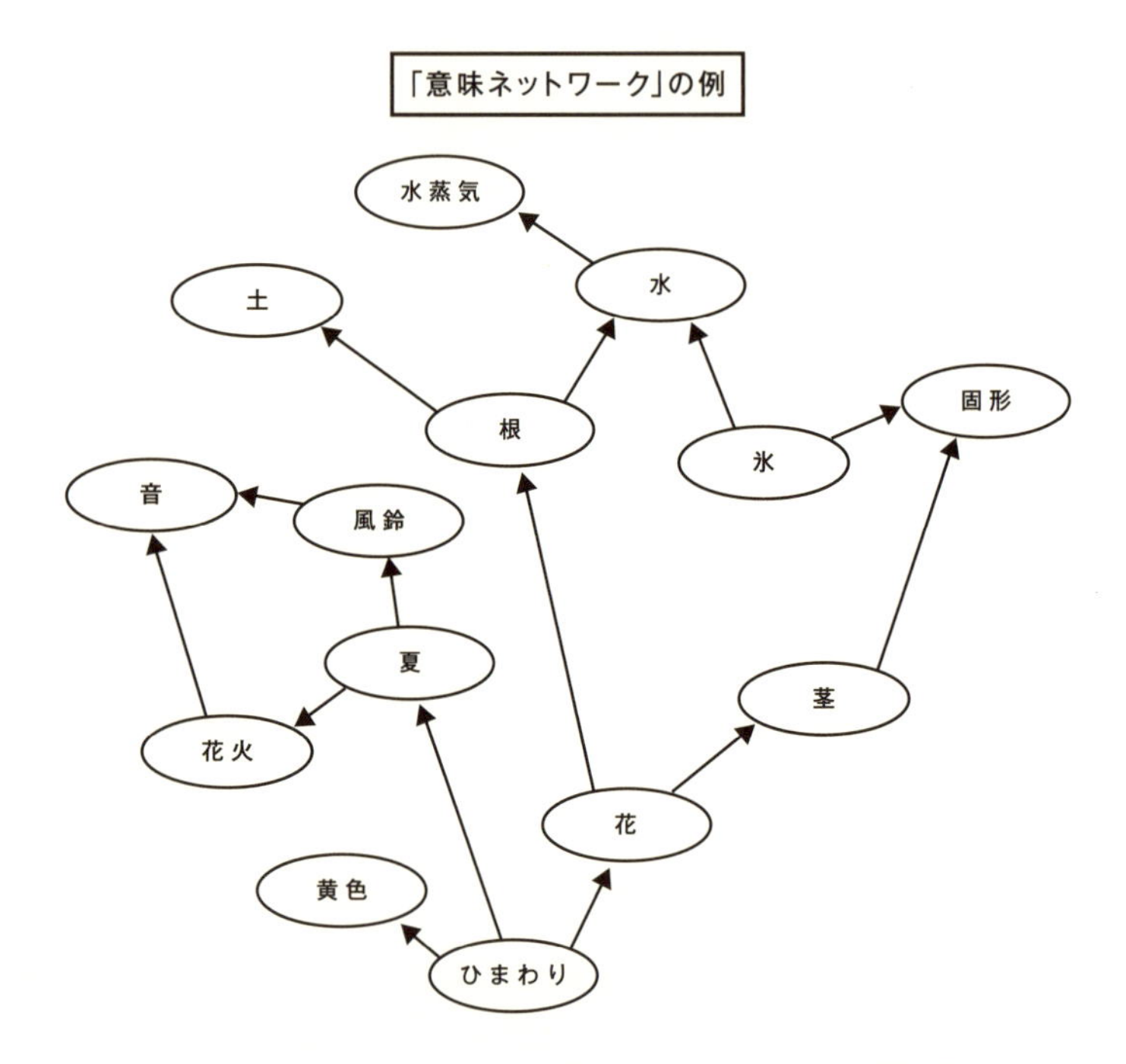

「意味ネットワーク」の結び付きが強いほど、人の記憶に残りやすい

アップル社のブランディング

ブランディングにおいてやるべきことは、商品の業界内ポジションによって変わります。広告は時と場合でやることが大きく変わるのです。そんな中、１９９０年代、全世界的に大成功したブランドと言われるアップル社の事例を見ていきます。

１９９０年代前半、パソコンのオペレーティングシステムというカテゴリーはマイクロソフトのウインドウズが市場シェアの大半を占めていました。その頃、創業者にもかかわらずアップル社を追い出されて10年ぶりに戻って来たスティーブ・ジョブズ氏は、「少数派でいることの意義」を主張したアップル社のブランド広告を発信しました。それは「Think different」というもので、「違った角度から考えることの重要性」を歴史上の偉人の偉業を通じて表現した広告です。


クレージーな人たちがいる。反逆者、厄介者と呼ばれる人たち。

四角い穴に、丸い杭を打ち込むように物事をまるで違う目で見る人たち。

彼らは規則を嫌う。彼らは現状を肯定しない。彼らの言葉に心を打たれる人がいる。

反対する人も、賞賛する人も、けなす人もいる。しかし、彼らを無視することは誰もできない。

なぜなら、彼らは物事を変えたからだ。彼らは発明した。創造した。人の心を癒し奮い立たせた。

彼らは人間を前進させた。彼らは人と違った発想をする。

そうでなければ、何もないキャンパスの上に芸術作品は見えてくるだろうか？

静寂の中に、今までにない音楽が聞こえてくるだろうか？

私たちは、そんな人たちのために道具をつくる。

クレージーと言われる人たちを、私たちは天才と思う。

自分が世界を変えられると本気で信じる人たちこそが、
本当に世界を変えているのだから。

Think different

このテレビCMがアメリカで放送された当時、次のような論争がありました。「これのどこが広告なんだ」「どこにも商品が出てこないじゃないか」「この偉人たちはアップルの製品を使っていたわけじゃないだろ」。しかし、こういった指摘をよそに、このCMの後に控えていた「iM ac」という革新的な商品と共にアップル社は空前のV字回復をしました。この広告は、アップル社の創業者であるスティーブ・ジョブズ氏の人生やパーソナリティそのものを表現していると思います。

結局、これからの広告でも一番重要なのは、額縁広告であっても体験型広告であっても、「人間の熱量」なんだと思います。

答えではなく、問題がわかっていないのだ

広告とは商品のことを正確に説明することだ、と思っている人が多い気がします。しかし、特に圧倒的な広告予算がない場合は、商品の説明など送り手が一方的に主張したい点ではなく、「受け手が評価する点」を強調して訴求しないと高い効果は望めません。そもそも広告主が多額の広告費をかけて広告をする理由は、「何かしらの課題」を「解決するため」だと思います。昔から営業先に「何かお困りのことはないですか?」などと訪問するように、困っている人の力になる、そんな「課題解決」こそが広告の本質ではないでしょうか。

課題解決のステップは大雑把に分けると以下3つになると考えます。

①問題点（Problem）
②使命（Mission）
③解決策（Solution）
（※①と②の順番が逆になるケースもある）

媒体量で何もかもが解決していた時代は、クライアントが言いたいことを面白い言い方に変換するだけでよかったかもしれません。けれど、現在のような複雑な状況では、困っているクライアントの課題を新たに発見・解決することで、ブランドアイデンティティを強固に確立して、少しでも長くクライアントに繁栄していただく、それも適切な広告費で、ということが重要なのだと思います。「答えがわかっていないのではない。問題がわかっていないのだ」という名言がありますが、いきなり答えを考えるのでなく、問題の本質を特定してからミッション（使命）を定め、解決策を考えることが大切です。

そして、あらゆるケースにおいて「問題」は大小いくつもあると思います。しかし、「20％が80％のことを決定付ける」という黄金則（パレートの法則）によれば、最も重要と思われる上位

20%の問題を解決すると、80%のことが解決されていくそうです。ですから、最も重要と思われる一つの問題点を見抜くことが必要になります。そのポイントは広告主の業種や状況で変化すると思います。

ここで事例を見ていきましょう。

■カンヌ5部門グランプリ受賞　DUMB WAYS to DIE（おバカな死に方）

これは、オーストラリア・ブリスベンの地下鉄駅構内での死亡事故防止キャンペーンです。たった1年間で、前年比20%以上の人々を死から救ったという奇跡の広告キャンペーンです。中心にあるのはテレビCMではなく、多メディア展開しやすい「猟奇的なキャラクター」を中軸にしたコンテンツマーケティングです。グッズ、アプリ、バイラルCMと幅広く展開しました。

この事例の戦略は、以下のように読み解いてみました。

■コミュニケーションの使命：地下鉄駅構内での（主に歩きスマホによる）死亡事故軽減。

■問題点：若者に死ぬとか危ないとかを広告などで訴求しても、若者は自分が死ぬと思っていないので、ほとんど無視されて意味がない。

■達成のために動かすべきターゲット：危機意識がマヒしている若者。「自分は平気でしょ」と思い込んでいる。広告は基本的に無視。

■解決策：不注意などでアホな死に方をするヤツは間抜けだ。上から言い諭すのでなく、無駄死にする他者を客観視させることで「自分ごと化」させる。

■解決策が有効である根拠：若者は危険であることより、間抜けであることを忌避する。

■クリエイティブのコア：ブザマな死に方をした猟奇的なゆるキャラによるMVやゲームによるプル戦略。

この事例は、解決策を死そのものの恐怖という一見強烈な訴求点でなく、ブザマというカッコ悪さ、つまりスタイルに転化して絶大な効果をあげました。「危険！」では不正解で「ブザマだ！」が正解だったのです。ダサくないということが命より大切だなんて、おかしいですよね、人間って。

この事例でもう一つ重要な点があります。それは広告クリエイティブの「視座」です。こういっ

上から目線と民主的目線の「視座の違い」

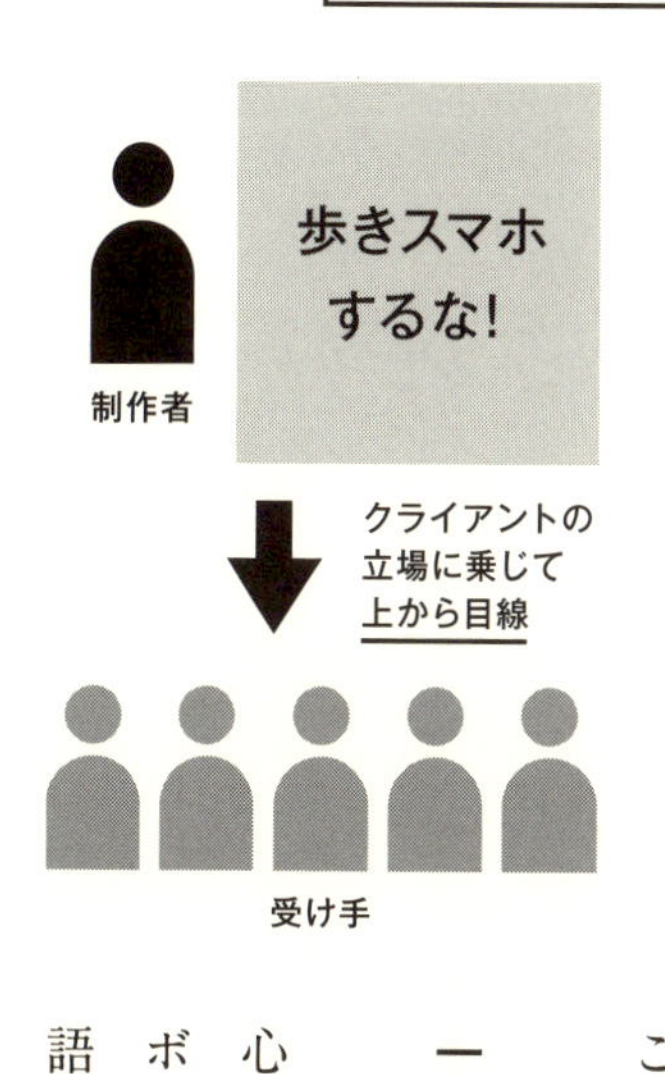

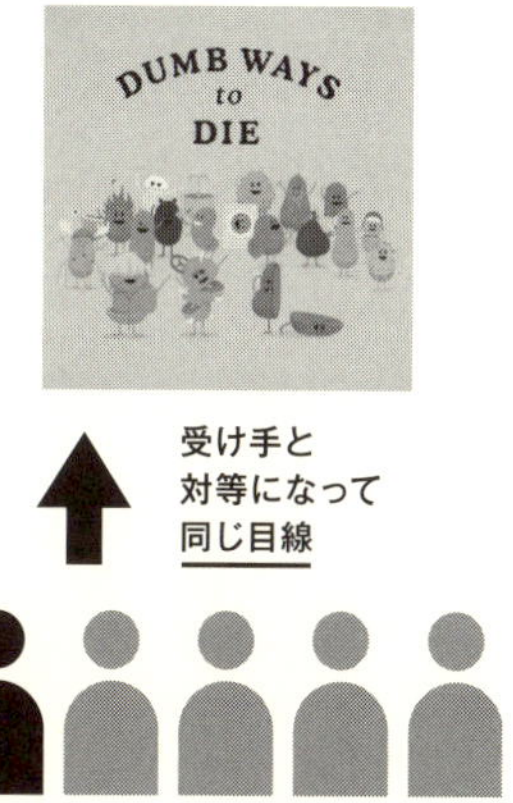

た啓発型の広告は特にですが、「送り手が伝えたいこと一辺倒で自己完結している広告」ではなく、「受け手が友人に伝えたくなる計算された隙がある広告」であることが重要になります。ここでも、これまで特権階級的だった広告主・広告会社・企画者という送り手主体の押し付け額縁広告から、受け手主体の広告へということが求められる気がします。

一番重要なのはインサイト

インサイトとは、消費者本人すら意識しない心の奥底にある、人間の行動や感情を動かすツボのことです。そして、どんなに素晴らしい物語や体験であっても、広告企画のスタート時のインサイトがズレていたら、まるっきり意味がありません。間違った方向に全力で走っても、ワケがわからない所にしかたどり着けないのです。

広告人の大半は「メディア」や「テクノロジー」、「クリエイティブ表現」や「データ」という「表面的なモノ」に翻弄されがちですが、最も重要なのは、それらすべての根底にある人間の「心理」だと思います。広告の中心は統計学でもアートでもなく、心理学だと思うのです。受け手が本当に望むことや「心の壁」を見抜くことが重要だと私は考えます。そのためには、「自分自身の心が動いた瞬間」に敏感になることが大切だと思っています。私たちの心の奥底にある記憶や実感こそが宝の山だと思うのです。その宝の山から拾い上げたものを、企画の中心にすべきではないでしょうか。記憶というものは、少なくとも過去に自分という一人の人間の心を動かした事実はあるわけですから。

自分一人の心すらも動かしていない事柄をこねくりまわすより、自分の脳内を旅して、心を動かした微細な事柄をたくさん思い出すことが重要な気がします。もちろん、自分とは違う他人の客観的な視点で振り返って、独りよがりにならないことも大切ですが。その意味では、広告における創造とは、何かを生み出すのではなく「思い出すこと」なのではないでしょうか。自分の強い実感が人々の共感を生み出すのです。

この原稿を書いている途中に、前述した「イノベーションのジレンマ」のクレイトン・クリステンセン教授の新刊が発売されました。『ジョブ理論』というその本の中で、「インサイト」に近いことが書いてあったので要約して取り上げさせていただきます。

マーケティングの大家レビット氏の名言で『人はドリルが欲しいのではない。穴が欲しいのだ』というものがありますが、ほとんどのビジネスマンがこのことをアタマではわかっていながら実践はできていないようです。そもそも「穴を開けることが正しいのか」すらを問い直すことが必要な時代になってきたと思うのです。ジョブ理論とは『どんな〝ジョブ（用事）〟を片づけたくて、あなたはそのプロダクトを〝雇用〟するのか』ということ。ビッグデータによって、私たちに関するデータは今後、膨大に増えますが、肝心の『なぜその商品を選んだか』ということがわからなければ意味がないし、データからはその「なぜ」は見えないということです。例えば、ファーストフード店でミルクシェイクの売り上げを伸ばしたい場合、やみくもに消費者に「どんな点を改善すればもっと買いたくなるか？」などと質問しても無意味で、どんなジョブを片づけるためにミルクシェイクを雇用したのか、という視点で捉え直すべきなのです。

このミルクシェイクのケースでは、ファーストフード店での18時間に及ぶ店頭観察によって、午前9時前に一人でやって来たお客さんが驚くほどミルクシェイクを買っていることがわかりました。しかも店内では飲まずに、買った後は車で走り去っていくのです。そこで発見したジョブは、次のようなものです。

彼らは仕事先まで長く退屈な運転をしなければならない。だから通勤時間に気を紛らわせるものが欲しい。しかも、今はまだお腹は空いていないが、あと1〜2時間もすれば、お腹が空くことがわかっている。バナナはすぐ食べ終わるからダメ。ドーナツは手が油でベトベトして、運転中に服やハンドルを汚すからダメ。そこで、ミルクシェイクなら飲み終えるまで時間がかかるので、退屈をおさえながら、朝食と昼食の間にふいに感じる空腹をかわすことができる。

つまりミルクシェイクは、バナナやドーナツなどの競争相手のどれよりも「数時間にわたって空腹を満たす」というジョブをうまく片付けるものだったのです。

このミルクシェイクをさらに売るために商品改良をする場合は、よりこのジョブを解決する視点を意識すべきです。たとえば、退屈な通勤時間をなるべく長く埋められるように、「より濃厚な」ミルクシェイクにするなどが考えられます。こういった観点が「インサイト」であると私は考えます。送り手が一方的に伝えたい商品機能ではなく、受け手であるユーザーがその商品を買う「真の購入動機」こそが重要になってくるのです。

ちなみに、「ジョブ」というものは当然ターゲットごとに変わります。こうしたジョブ理論は、消費者理解において近年注目される〝ユーザーとの共感を重視〟する「デザイン思考」や、〝顧客の生活に入り込んで消費者分析〟をする「エスノグラフィー」を行う際に活きてきます。

あらゆるコミュニケーションにおいて、「送り手が言いたいこと」と「受け手が聞きたいこと」は想像を絶するほど違います。たとえば10個の商品特徴があったとして、送り手は1番目の特徴を伝えたかったのに、受け手は9番目の特徴だけを評価するというようなケースがほとんどだと思います。コミュニケーションの主導権は、基本的に相手にあります。今までのマス広告は相手がブラックボックスだったので、一方的な主張を投げつけていたことが多いのですが、今後は今まで以上に受け手のことを思い計らないといけないのです。

アップル社で多くの広告を手がけたクリエイターのリー・クロウ氏の伝説で、次のような話があります。クロウ氏がスティーブ・ジョブズ氏にプレゼンをした時の話です。プレゼンの前にクロウ氏は、紙を丸めたものを一つジョブズ氏に投げました。ジョブズ氏がそれをキャッチすると、リークロウ氏は「これがよい広告です」と言いました。次に丸めた紙を5つ同時にジョブズ氏に投げました。当然、ジョブズ氏は一つも取れませんでした。クロウ氏はこう言いました。「これが悪い広告です」。コミュニケーションにおいて、送り手はとかくたくさんの事柄を伝えたがる傾向がありますが、受け手の気持ちを考えたら、相手に刺さる一つに絞ることが重要なのです。

予定調和を破壊せよ

私たちは常に次に起こることを予想しながら生きています。予想通りだと退屈です。しかし、世界は案外予測通りのモノで満ちています。予想を裏切られた時に初めて「そうきたか!」と思って、興味をひかれるのです。一方で、正しいことを考えようとすればするほど他との「違い」はなくなる傾向があり、その結果、差別化ができず、受け手に刺さりにくいという悲しいパラドックスが多々あると思います。誠実で正しいことを追求する人が、広告の効果を減退させる張本人になったりするのです。

私たちはいろいろなモノに慣れ過ぎて、〝さまざまな麻痺〟を起こしています。そして広告は基本的に無視されています。本当に驚くような新商品ならそのまま広告すればよいのですが、超成熟社会ではそういうケースはそれほどありません。どんなに正しいことを言っても相手に伝わらないなら、意識的に壊れたアイデアを考えることが必要なのかもしれません。

人間はみんなと違う存在になりたいと願う反面、みんなと違うのは恐い、というまったく正反対の矛盾した2つのキモチの狭間で葛藤することが多いのです。また、人と違うと批判されやすいです。そして最終的には、みんなと同じ選択をする傾向が非常に強いです。それも無意識に。だから、人と違うことを恐れてはいけないと思います。少数派になることを恐れてはいけないと思います。他と違っていないと選ばれにくいのです。

〝真逆のパワー〟によって注目され、理解され記憶に残すべきです。キーワードは「真逆」なのです。そのためには、少しクレージーでないといけません。クレージーな発想には破壊的なパワーがあります。クレージーであることを恐れてはいけないのです。人々は、少し変わったビジネス展開や社会課題に立ち向かう企業や広告のことをクールに思うのですから。予定調和を破壊して、新しいモノの見方を示すべきです。

シャネルの創業者ココ・シャネルの口癖で「人と違っていないとダメなのよ！」というものがありますが、油断していると人は他人と同じになっていきます。意識的に破壊していくべきでしょう。イギリスで最も有名なクリエイティブエージェンシーでBBH（バートル・ボーグル・ヘガティー）という会社があります。このBBHの社訓で「When the world is Zig, Zag.」というものがあります。「世の中がこちらに行く時、あなたはあちらに行きなさい」という意味です。このくらいの心構えでいないと、みんなと同じになっていく同調圧力を跳ねのけることはできないのです。

私を含むみなさん一人ひとりの独自の個性というものは、他人とは違うことをしようとした時に現れやすいと思います。他と真逆なことをやって、目立つことを常に心のどこかで考えてほしいと思います。みんなが「白」と言ったら「黒」。「やってはいけないこと」、そして「非論理的なこと」を大切にすべきだと思います。天邪鬼であるべきなのです。「他と違う」という感覚をブランドの独自性を確立することに役立てる必要があるのです。

私たちは、自分の脳みそが箱の中にあることを99％以上自覚していません。私も含むほとんどの人間がそうです。だから、箱から出て考える訓練が必要です！　箱の外にはクリエイティブの楽園があるのです。Think out of the Box. なのです。この箱から出るために私自身が実践している「5つの方法」を紹介させていただきます。

①24時間365日、常識を疑え。
②キライなモノも一度は肯定せよ。
③好きなモノも一度は否定せよ。
④ことあるごとに真逆のことを考えろ。
⑤まず一度は自分が間違っていると思え。

ただし、真逆が大事とは書きましたが、「ヘンなことをするのがクリエイティブ」というわけではありません。「予定調和を裏切る」というと突拍子もないことをすると思われがちですが、あえてベタなことをすることで予定調和を裏切る場合も結構あります。また、クリエイティブで重要なのは、「関係ないモノの組み合わせ」です。なので、抽象度の高い「モノの見方」を心がけること。いろいろなモノの定義を決めつけ過ぎないことが重要だと思います。

9. ネオ・プロモーションのつくり方

私自身がネオ・プロモーションを考える時のプロセスを形にしてみました。あくまでも私の個人的なやり方ですし、しかもたぶん一般的ではないと思いますので、もし使えそうだなと思われたら、部分的にでもいいので使ってもらえると幸いです。

全部で10のステップになります。

［ステップ①］真の購入動機の抽出

どんな商品やサービスであっても、また購入理由が複数あったとしても、必ず真の購入動機が一つあると私は考えます。企画に入る前に、まずは何の先入観も持たずに個人的な直感と記憶で「現状その商品を買っている人の真の購入動機」を考えます。自分自身がターゲットでない場合は、他人の話を聞きながら、そのターゲットの気持ちになり想像力をフル回転させて考えます。

【ステップ②】フレームワーク作成

マーケティングの基本であるいくつかのフレームワークを記入します。基本的にはSTP、3C、SWOT、PESTといったフレームワークを用います。仮にマーケッターが書いてこようとも、クリエイティブ的観点で自分バージョンを記入してみます。

【ステップ③】行動のツボと心の壁の規定

調査やデータがある場合は、それを読み込んだ上で、ない場合は、個人的な直感で「行動するポイントになる心のツボ」と「行動を妨げている心理障壁」を規定します。

【ステップ④】ブランドピラミッド

ブランドピラミッドを記入して、今回の問題点を解決するのはどの階層かを決定します。

【ステップ⑤】最大の問題点の特定

ここまでのすべての資料・データ・直感をもとに、その仕事における「最大の問題点」を特定します。

［ステップ⑥］CRブリーフ、タッチポイント、カスタマージャーニー作成

先述した「Damb Ways to Die」（P253）のように、クリエイティブブリーフを作成します。特に広告目的とインサイトと訴求点を重視して書きます。想定タッチポイント図も重要です。カスタマージャーニーはあまり好きな概念ではないのですが、一応簡単なものを書いてみることにしています。

［ステップ⑦］関連する社会課題と社会コンテキストの抽出

クリエイティブブリーフを書くのと並行して、今回の課題と関連付けられそうな「社会課題」と「社会コンテキスト」を抽出します。

［ステップ⑧］コアアイデア、体験の軸、統合シンボル、キャンペーンコード作成

この部分からは、私というより一緒に組むプランナーの人たちを中心に考えてもらいます。客観的に判断したいので私は企画を出さずに、ディレクションに徹します。営業も含む全メンバーに企画を出してもらって、その中から公平かつ最良の企画を選ぶことに細心の注意を払いながら進めます。同時にSPやデジタルの人を中心に「体験の軸」を決め、アートディレクターを中心に「統合シンボル」を決め、コピーライターを中心に「バズワード」や「キャンペーンコード」を決めます。

キャンペーンコードは、社会文脈を踏まえたキーワード型のワードが理想です。流行語大賞を狙うくらいのこころざしで考えるべきだと思います。

［ステップ⑨］展開アイデア

コアアイデアをふくらませる展開アイデアを考えます。コアアイデアよりも展開アイデアのほうが面白い場合も多々あるので、コアアイデアの選定で敗れたプランナーたちに再度ハッパをかけます。

【ステップ⑩】統合企画、スクリプトデザイン、統合メディアプラン化

コアアイデアと統合アイデアを予算やリーチや実効性、時系列やタッチポイントなどを考慮して、一つのストーリーになるように「統合企画化」「スクリプトデザイン化」「統合メディアプラン化」します。特に統合メディアプランは、オンラインとオフラインのリーチの次元が違うので、できる限りデータに基づきながら総リーチ数を明記することが重要です。想定拡散数は実際に実行してみないとわからない部分があるので、幅を持たせて、プラスαとして位置付けるのがよいと考えます。

これが私自身の企画のプロセスのほぼすべてです。部分的にでも使えるところがあれば幸いです。

対談「これからの効く広告とは？」

日本国内で「物語と体験」を具現化した事例として、今から10年以上前のキットカットの一連のブランディング施策が挙げられます。当時でもすごい仕事でしたが、SNSなどによって人々がよりエンパワーされつつある今こそキットカットのような仕事を目指すべきでしょう。当時、そのチームを率いたクリエイティブ・ディレクターの関橋英作氏に、著書『チーム・キットカットのきっと勝つマーケティング』（ダイヤモンド社、2007年）の内容を中心にしながら、第2章執筆者の望月和人氏がお話を伺いました。

関橋英作（せきはしえいさく）
1949年、青森県生まれ。東北芸術工科大教授などを歴任。多くの企業の広告を手掛け、キットカットではカンヌ国際広告祭のメディア部門で日本初のグランプリを受賞した。

望月）　関橋さんのご著書『チーム・キットカットのきっと勝つマーケティング』は2007年に

望月和人氏（左）と関橋英作氏（右）

書かれた本ですが、かなり「未来予言的な本」で2017年の今やるべきことが書かれていると思いました（注1）。本日はいくつかのテーマについてご質問をさせていただき、いろいろご指摘いただきたいと思っております。

最初のテーマは「一方的から自発的へ」です。ご著書の中で「今までの広告では、たとえブランドのイメージをつくる広告でさえ、企業の一方的なメッセージでしかありませんでした。どんなに驚かそうと、どんな有名人を使おうと、それが一方的な情報告知である限り、時間消費者は自分の時間を使おうとしないでしょう。彼らを自発的に動かさない限りマーケティングの成功はありえなくなったのです」ということを書かれていますが、これを書かれてから10年経っているので、この辺に関してお聞きしたいと思っております。

関橋）僕がそんなことを感じたのは1995年ぐらいです。もう広告はヤバイなと。企業の業績が悪くなるにつれて、広告のメッセージに焦りがでる。短いCMの中に、ギューギュー詰めですから。これではとても消費者に共感されませんよね。

それでも代理店はクライアントの言うことを聞く。「広告代理店の役割って何だろう?」。そういう疑問がふくれあがったんですね。当時、僕はクリエイティブ・ディレクターをやっていたんですけど、もっと全体を見渡して仕事をしないと、よい広告は創れないだろうなという思いが強くなっていきました。広告の黎明期なら、ただ「こんなものがありますよ」と言えばよかったんです。つまり告知でしかなかった。それが社会にマーケティングという発想が生まれて、「消費者」という言葉が生まれた。そこから、企業やブランドと消費者との間で、通い合うコミュニケーションが、とても重要になってきたんですね。でも、企業は自分たちのつくったものが素晴らしいと思い込んでいるので、どうしても一方的に言ってしまいがちです。すべての要素が入ったメッセージが送られても、消費者はついていけなかったり、理解できなかったり、不要だと思ったりするというわけですね。
そういう状況が21世紀になって、変わってきました。マス消費は失われ始め、消費に対して慎重になってきた。同時にネットが爆発的に広がって、24時間しかない自分の時間をどう使うかということの方を大事にする。そう感じている時に、余計な情報がきても要りませんよね。それで、自分の方から情報を探しに行くようになったのでしょう。今はもっと加速しています。だから、「あなたの自由でいいんだよ」というような気持ちにさせられる、ブランドなり企業のアプローチが効果的になったわけです。

望月）キットカットの一連のお仕事は、クリエイティブチームが理想的で素晴らしいと思いましたが、クライアントであるネスレ日本の高岡浩三社長（代表取締役社長兼ＣＥＯ）が本当に素晴らしい方だなと思いました。

関橋）高岡社長がいらっしゃらなかったら、あの仕事はできなかったですね。いつも言われたのは、「人と同じことはやるな」。大変ですけど、嬉しいじゃないですか。ああ、違うことをやってもいいんだ、と。僕はその一言で、これはうまくいくと思いました。たとえば、エビデンスがなかろうが、今のトレンドと違っていようが、僕らが信じればいいということですよね。僕の意見ですが、これからはケーススタディや成功法則を信じてはいけない。自由自在に考えることが何より必要になると思います。

望月）では次に「ＢＴＬ（Below the line）の重要性」について伺いたいと思います。ご著書に「ＢＴＬは広告代理店にとっては儲からないため、媒体として認められていなかったのです。しかし、ＢＴＬの方が圧倒的に消費者に近いところにいる」ということを書いておられますね。これは個人的にかなり刺さりました。

関橋）仕事内容というより、金額の大小で分けているだけなんですね。だから、いいクリエーターを上にやって、そうじゃない人を下にやる。

望月）本当にこの「Below the line」という表現は差別的というか……。Below the lineのラインって何なんだ、という感じがします。

関橋）そこで、構造を改革した方がいいんじゃないか、と考えたわけです。

望月）キットカットで、岩井俊二監督を起用した『花とアリス（注2）』というショートフィルムがありましたが、あのお仕事は本当に別格だなと思いました。深いところでブランドが表現されている感じがします。キットカットブランドと「野太いインサイト」でつながっている感じがしたんです。岩井監督は、10代女性にありがちなアイデンティティの不安を描くことが上手な監督だと思うのですが、キットカットも「ブレイク」に対して「心の安息」のようなリポジショニングをされました。そこで商品ブランドとフィルムが深いところでつながった。ショートフィルムの中では、キットカットを食べるシーンは描かれていませんでしたが、かなりのレベルのブランド広告になっていると感じました。映画などと連携してそういったことをやるのはすごく難しいことなのに、それが達成されていた。

関橋）一方で昨今、ブランドとブリッジしていないコンテンツが増えている気がします。ブランドとつながっていないコンテンツは、何の意味があるんでしょうね。「ああ、面白かった」だけで終わってしまいます。

望月）表面的にブランデッドコンテンツを解釈すると、そういう形になりやすいんです。ブランドを表現するところまで行っていない。自戒も込めて言いますが、ほとんどの事例がそうだと思います。

関橋）僕は、ブランドを消費者の心の中で、どう育てていくかということしか考えていません。そのブランドを、どういうふうに伝えて、その人の中でどう成長させていくか。

望月）次に「クリエイティビティを発揮する領域は〝4P〟へ」というテーマでお話を伺いたいのですが、関橋さんはご著書に「マーケティングの川上から川下までクリエーター」とお書きになっていますよね。4Pはプロダクト、プライス、プレイス、プロモーションですが、キットカットのパッケージ自体をポストに投函できる「キットメール（注3）」の事例は、プロダクトに踏み込んだ提案だと思います。

関橋）僕は外資系だったからよかったのかもしれませんね。外資系は、部署主義ではなくチーム主義。最初からチームで会議をします。たとえばキットカットをやる時も、すべての部署の担当が集まって全員会議。そこでは誰が何を言ってもいいんです。おじさんもいれば、20代の若い人もいますが、「面白い話ない？」と、まずはフリートークで空気をやわらげる。それに比べて日本は、なんで会議があんなに堅いんでしょうかね。「課長、どうぞ」みたいな。

望月）私は「目的主義者」でして、クライアントの課題解決をするためなら、エージェンシー内の部署や役職なんて関係ないじゃないかと思ってしまう方なんです。目的主義であればあるほど、手段なんて別にどうでもいいと思うところがあります。ですが、特に国内の総合代理店は部署ごとが裁量的になっていて、各部署での文化とプライドと職人性がどんどん育まれて、とんでもない壁ができているところがあると思います。年功序列の雰囲気も未だにあります。

関橋）こんなに時代が変わっても、そこが変わらない。だから日本は落ちていくんです。海外ではそんなこと全然ないですよ。めっちゃ自由です。中国だってどんどん変化しているじゃないですか。日本は置き去り。本当の島国になっちゃいますよ。このままいくと次の世代の人たちはどうなるんだろうと、心配になります。やっぱり上の人たちが部署間の壁や年功序列に固執する弊害を理解して、それを取り払わなければいけない。そうやっている会社もあるし、そこはうまくいっていますよね。

望月）ところで、体験は人々が主体でないと、みんな参加してくれません。一方で、今までの広告は送り手が主体である場合がほとんどだったと思います。この2つは真逆なカルチャーであるように感じます。

関橋）体験とは、自分が味わって、自分で気づくこと。だから、その人が行動を起こせるんです。そこまでが体験。で、その人が納得して行動するかどうか、というところまで示唆できると一番いいですよね。

望月）私自身、体験型ではない今までの広告であっても、心を動かすことを意識してつくっていましたが、「心に火をつける」ところまで考えると、「体験」にはかなわないなと思います。イベントで感動して泣いている人とかいますからね。

関橋）その人はきっと家に帰ってから、感動したことについて誰かに話をする。そこから何かが生まれる。それが体験の持つ意味ですよね。

望月）私は「体験施策」こそが、本来のブランド論を達成するのに向いていたのではないかと思っています。

関橋）こうだと思うんです。今までのブランディングはイメージをつくるとか、いい雰囲気をつくることだと思われていました。でも、そんなことは全然ないです。それは海外の高級ブランド品が日本に入ってきた時に、「ブランドもの」と呼ばれて、イメージが大事だったからだと思うんです。あの影響が強い。

望月）でも、未だにすごく多くの人がブランドについてそう思っているように感じます。次に「心理学 is King」というテーマです。関橋さんはご著書の中で「ブランディングは心理学だと思え」ということを書かれています。

関橋）経済学と心理学はかなり近い関係だと思います。ターゲットを考える時、藁にもすがるぐらいの問題を抱えている人を見つけることから始めると、うまくいきます。悩みが強い人ほど、助けてほしいと思っているわけですから。そこに手を差し伸べればいいわけです。手の差し伸べ方は、ジャンルによっていろいろ違うと思いますけど、「助けてくれるんだ」とわかれば好感を持ってくれます。人間関係と同じで、優しくしてあげると、つい好意が生まれますよね。相手のことを考えることは、人間がもともと持っている根本的な脳の働きだと思うんです。そこには打算といったようなものは一切ない。これこそ、心理学です。

望月）デジタル社会になればなるほど、反比例してそういった「人間の心」に回帰していくんじゃないかという気もしています。

関橋）　そう思います。これだけデジタルがあふれてくると、みんながリアルなものを求める。その方が気持ちいいですからね。

望月）　キットカットのことを「キット勝つ」と解釈して受験合格の祈願と関連付けたことはもともと、女子高生の間ですでにやっていたという事実がありました。その「人々から発生した事実」にフォーカスして、それを増幅させていったところが、私は「革命的」だと思っています。というのは、クリエーターは企画のすべてを考えたいと思う傾向がありますが、キットカットの事例では、すでに存在するお客様が起こした現象が真ん中にあって、それを大きくしていった。つまり、「広告の民主化」であると考えます。

関橋）　いいですね、民主化。実は、福岡の大きなスーパーで、その時期になるとものすごくキットカットが売れていて、ポスターを追加してくださいという要望が来ていたんです。それで理由を聞いてみたら、「必ず勝つ」というのを博多弁で「きっと勝っとよ！」と言うと。だから、試験や野球の試合の時に、ダジャレでキットカットを買ったりしていた。「それだ！」と思いましたね。クライアントがつくったダジャレではないのがいいですよね。なので、僕らからは「きっと勝つ」と発信しないことにしたんです。それをマスコミが取り上げたので、自然に社会的なダジャレになったわけです。おっしゃるとおり、消費者がつくったキャッチコピーなんです。

望月）だから本物なんですよね。

関橋）本物です。それを僕らが、どうやれば押し上げられるか、広げられるかを考えただけなんです。

望月）そこにプロの創造性があるし、それこそが今日的な形ではないかと思うんです。どうしてもクリエーターは、たとえば「キット勝つ」というコピーを自分でつくりたいと思う。けれどそれは、このケースの場合で言えば「単なる押し付け」であると思います。地方の女子高生の間で流行っていることを発見して、それを大きくした。でもそれは本物だった。そういう構図が「広告の民主化」というか、受け手をリスペクトして始まったキャンペーンですよね。

関橋）広告のクリエーターはものすごいエゴがあるんです。僕も昔はそうだった。相当、嫌な奴だったんです（笑）。でも、エゴはいけない。突き詰めるのは、エゴとは違いますから。僕が思うに、広告クリエーターは、エディターなんです。クリエーターではない。いろんな世の中にあるものを見つけて、それを自分のフィルターに通して、上手にクリエイティブ作業にしていく。そういうエディターなんです。

望月） でも、「クリエーター」という名前がついてしまっているから、「真ん中から考えて」みたいな感覚がやっぱりあると思うんです。それをお客様から始めるというのは、意外とできないことです。キットカットのような例は、日本の中であまりないんじゃないかと思います。

関橋） あれから、もっといっぱい出てくるかなと思ったんですけど、意外とやらないですよね。ネットでも、メディアが変わっただけじゃん、みたいで。そこから突き抜けて、ネットならでは、というものも少ないですね。

望月） だから、今こそキットカットのような仕事を目指さないといけないと思うんです。そう簡単なことではないと思いますが。

関橋） 最初は、成功するかどうか全然わからなかったんですよ。だから、まずは実験的にしてみようと。それがホテルのキャンペーンです。センター試験を受けに、地方から東京に来る受験生は、ほとんどホテルに泊まります。僕もそうだったので、気持ちはよくわかるんですが、地方の受験生は、東京は怖そうだという不安があるんです。そこで、ホテルにチェックインする時に、「がんばってくださいね」という言葉と一緒に「きっとサクラサク」ポストカードとキットカットをホテルマンから渡してもらった。それだけなんですよ。その2、3カ月後にネスレさんにたくさんハガキが来たんです。「もらって嬉しかった」とか「受験会場で食べたらほっとしました」とか。そういうのを見て、これからは絶対にこういうやり方だなと全員確信したんです。本当に気持ちを変えるには、このやり方しかないと実感しました。

望月）新しい手法でありながら、インサイト的にもブランド的にも高次元ですよね。つまり原点にして頂点といいますか。本当にすごいなと思っております。

関橋）ありがとうございます。

（注1）対談は2017年に行われた。
（注2）『花とアリス』はキットカットのブランドを表現したブランディングショートフィルム。ネスレ公式サイト上で2003年3月～12月に配信され、当時としては異例の300万回も視聴された。
（注3）キットメールは、キットカットの商品パッケージ上に受験生への応援メッセージを書けるようにしたもので、実際に郵便で送ることができた。郵便局（株）、郵便事業（株）、ネスレコンフェクショナリー（株）の共同企画商品としてつくられ、2009年カンヌ国際広告祭メディア部門グランプリ受賞。日本企業の同部門での受賞は初となる。

おわりに〜実験、実践、実現。 For Amazing Experiences.

２０１７年、東急エージェンシーは「実験、実践、実現。For Amazing Experiences.」という企業ビジョンを策定しました。私自身もこのビジョンプロジェクトに参画し、チームで頭を悩ませてこのビジョンを策定しました。このビジョンの根本にある思いは、本書に書いたことと共通しています。「Story Telling」から「Story Doing」へというシフトは、私たちのような集団にとっては非常に大きなチャンスと成り得ると考えています。

ビジョンを全社員に発表する際に、次のようなステートメントとともに発表しました。


このとんでもない変化は、ピンチなのか？　チャンスなのか？

もし、君が、驚くべき体験を世の中に創り出したいと思うのならば、これはとてつもないチャンスだ。

思い出して欲しい。忘れないで欲しい。

なぜ、君がこの答えのない仕事を選び、そして、人生を捧げるのか。

実験せよ。まだないものをその手でつくろう。

実践せよ。人々の反応をその目で確かめよう。
実現せよ。驚くべき体験を世の中に創り出すのだ。さあ、はじめよう！

最後になりましたが、本書の編集をしてくださった宣伝会議の浦野有代さん、吉田和彦さん、エディポックの財前翔太郎さん、山口誠さん、誠にありがとうございました。皆さまの温かいサポートのおかげでこうして形にすることができました。装丁をデザインしてくれた内田拓磨くん、インパクトと不変性を両立したデザインありがとうございました。帯のコピーを書いてくれた神谷啓介くん、非常に時間のない中、素晴らしい言葉をつくっていただきありがとうございました。また、ご多忙な中、対談をしてくださった青木貞茂教授、関橋英作様、お二人のご示唆は本書の大きな指針となりました。誠にありがとうございました。

本書は学者でも文筆家でもない、広告の現場の実務家である私たちが、経験、知見をもとに書いたものです。そして、この経験、知見は私たちだけでは決して手にすることのできなかったものです。これまでに、ともに仕事をする機会を与えてくださったクライアントの皆さま、協力会社の皆さま、会社の同僚たち、全ての方達にあらためて感謝します。ありがとうございました。

宣伝会議 の書籍

お買い物の本能で広告をつくる。Depart.

髙橋宏之 著

食品・ファッション・ライフスタイル・ビューティ・音楽の5カテゴリーを専門領域に、新たなクリエイティブ開発を行う「Depart.」。そのアイデアで人の気持ちは動くか？　元・伊勢丹バイヤーが語る売り場発想の哲学。

■本体1600円＋税　ISBN978-4-88335-336-1

「人を動かす」7つのコミュニケーション戦略 手書きの戦略論

磯部光毅 著

コミュニケーション戦略を「人を動かす人間工学」と捉え、併存するコミュニケーション戦略・手法を7つに整理。その歴史変遷と考え方を〝手書き図〟でわかりやすく解説。各論の専門書に入る前に、体系的にマーケティング・コミュニケーションを学べます。

■本体1850円＋税　ISBN 978-4-88335-354-5

すべての仕事はクリエイティブディレクションである。

古川裕也 著

広告界だけの技能と思われているクリエイティブで解決するという職能をわかりやすく、すべての仕事に応用できる技術としてまとめた本。電通クリエイティブのトップである古川裕也氏、初の著書。

■本体1800円＋税　ISBN 978-4-88335-338-5

日本の歴史的広告クリエイティブ100選

岡田芳郎 著

そこかしこに広告があふれ、媒体や手法も多様化した現代において、クリエイターの「アイデア発想」のヒントになるような「面白い」歴史的広告を厳選。当時の時代背景や企画者の人柄などを解説し「面白さ」の裏側を探ります。

■本体2000円＋税　ISBN 978-4-88335-417-7

詳しい内容についてはホームページをご覧ください　www.sendenkaigi.com

宣伝会議 マーケティング選書

デジタルで変わるマーケティング基礎

宣伝会議編集部 編

この1冊で現代のマーケティングの基礎と最先端がわかる！ デジタルテクノロジーが浸透した社会において、伝統的なマーケティングの解釈はどのように変わるのか。いまの時代に合わせて再編したマーケティングの新しい教科書です。

■本体1800円＋税 ISBN 978-4-88335-373-6

デジタルで変わる宣伝広告の基礎

宣伝会議編集部 編

この1冊で現代の宣伝広告の基礎と最先端がわかる！ 情報があふれ生活者側にその選択権が移った今、真の顧客視点発想が求められている。コミュニケーション手法も多様になった現代における宣伝広告の基礎をまとめた書籍です。

■本体1800円＋税 ISBN 978-4-88335-372-9

デジタルで変わる広報コミュニケーション基礎

社会情報大学院大学 編

この1冊で現代の広報コミュニケーションの基礎と最先端がわかる！ グローバルに情報が高速で流通するデジタル時代において、企業広報や行政広報、多様なコミュニケーション活動に関わる広報パーソンのための入門書です。

■本体1800円＋税 ISBN 978-4-88335-375-0

デジタルで変わるセールスプロモーション基礎

販促会議編集部 編

この1冊で現代のセールスプロモーションの基礎と最先端がわかる！ 生活者の購買導線が可視化され、データ化される時代における販促のあり方をまとめ、売りの現場に必要な知識と情報を体系化した新しい時代のセールスプロモーションの教科書です。

■本体1800円＋税 ISBN 978-4-88335-374-3

詳しい内容についてはホームページをご覧ください www.sendenkaigi.com

TOTB

TOTBは2014年に設立された
株式会社東急エージェンシーのクリエイティブブランド。
「深いインサイト・強いアイデアに基づく、
ストーリー・コンテキストを作り、
緻密に計算された横断的な拡散設計を
組み合わせたコミュニケーション」を創り上げる
「トータルクリエイティブディレクション」を特徴とする。

http://www.totb.jp/

河原大助

1976年生まれ。株式会社東急エージェンシー入社後、
マーケティングコンサルティングへの出向、
マーケティング局、クリエイティブ局コミュニケーションデザイン部を
経て、2014年TOTBを立ち上げる。
ブランド戦略、製品開発、クリエイティブに至るまで
統合的なディレクションを得意とする。
2016年ONESHOW SILVER、2016年D&AD GRAPHITE、
2017年広告電通賞優秀賞を受賞。

望月和人

1970年生まれ。株式会社東急エージェンシー/TOTB
統合クリエイティブディレクター。
業務実績として、東京急行電鉄「渋谷ヒカリエ」開業キャンペーン、
NHKワールド全世界150ヶ国スポット、カンロ「金のミルク」、
日本中央競馬会ジャパンカップ「ステーションケイバ」など。ACC賞、
TCC新人賞、準朝日広告賞、毎日広告デザイン賞、宣伝会議賞、
東京都屋外広告コンクール東京都知事賞など受賞。
著書に『心に刺さる話し方』(2015、電波社)がある。

物語と体験　STORY AND EXPERIENCE

発行日　2018年4月10日 初版
著者　株式会社 東急エージェンシー
TOTB河原大助、望月和人
企画・編集　宣伝会議ビジネスブックス編集部
発行者　東 彦弥
発行所　株式会社 宣伝会議
〒107-8550 東京都港区南青山 3-11-13
TEL.03-3475-3010(代表)
https://www.sendenkaigi.com/
装丁・本文デザイン　内田 拓磨
編集協力・DTP　株式会社 エディポック
印刷・製本　株式会社暁印刷
ISBN 978-4-88335-433-7

©TOTB / Tokyu Agency Inc. 2018
Printed in Japan
無断転載禁止 乱丁・落丁はお取替えいたします